JN119857

オルタナティブ投資の実践

「資産」選択と「データ」活用の新潮流

東京海上アセットマネジメント株式会社 監修

平山賢一 編著

Alternative Investment

中央経済社

はじめに

　グローバル金融危機以降10年超の時を経て，世界の金融ビジネスは，大きな変革期を迎えている。これは，IT の発展により，資金調達と資金運用のダイレクト化が急速に進んでいるため，従来の金融機関の序列は崩れ，優勝劣敗の格差が拡がっている点からも明らかであろう。その中でもアセットマネジメント（資産運用業）は，情報化の波にさらされて，ビジネスモデルの転換を迫られている。資金の出し手であるアセットオーナー（アセットマネジメント会社に資金を委託する年金基金等の最終投資家）や富裕層・一般大衆投資家と資金の取り手の垣根が取り払われ，その中間に位置するアセットマネジメントの役割も変わり始めているからだ。

アセットマネジメントに迫る３つの変化

　具体的には，第一に，顧客のコスト選好が高まり，低報酬率の指数連動型運用（パッシブ運用）が隆盛している点が挙げられる。かつて，チャールズ・エリス氏は，名著「敗者のゲーム」[1]で，多くの市場指数を上回ることを目的としたアクティブ運用によるファンドは，その信託報酬の高さも手伝い，ベンチマークとする市場指数を上回ることが難しいと指摘した。彼がパッシブ運用の魅力を説いてから数十年の歳月が経ち，その指摘が多くの投資家に受け入れられるようになっているのである。具体的には，グローバル金融危機以降10年間（2009年〜2019年）で，パッシブ運用商品が大宗を占める ETF（上場投資信託）を含む ETP（上場投資商品）の残高は大幅に拡大しており，その成長は目を見張るものがあるといえよう。

　低コスト ETF を活用したパッシブ運用（指数連動型運用）の隆盛により，相対的に報酬率が高いアクティブ運用採用の余地が狭くなり，アセットマネジメント会社の収益性は大幅に悪化している。従来型資産運用ビジネスにおける

1　チャールズ・エリス（1999），参照。

「情報の非対称性」の活用余地は減り，ビジネスモデルの変化が促されているのである。

　第二に，これまで付加価値だと思われていたアクティブ運用のアルファ（市場インデックスを上回る超過収益）は，単なるファクターの1つとして区分され，容易に再現可能になっている点が挙げられよう。アクティブ運用のアルファは，従来から個別銘柄のピックアップや投資タイミングといった運用者の能力に依存するものと考えられてきたが，このアルファ部分は，ベータ・サイズ・バリュー・モメンタムといった各種ファクターに細分化できることが広く受け入れられるようになってきた。近年，クオンツ（計量的）運用の領域で，このファクターを再現するスマートベータ運用[2]が一般化してきているのである。そのため，従来から想定されてきたアクティブ運用におけるアルファの一部が，計量的に再現可能なファクターであると考えられるようになり，アクティブ運用の「真のアルファ」の過大評価の見直しが進んでいる。つまり，アクティブ運用の魅力の低下が，指摘され始めているのである。

　アクティブ運用では，期待アルファに応じて，相対的に運用報酬率は高かったが，その余地が従来考えられていたよりも希薄化するとなれば，運用報酬率が引き下げられることを意味する。アクティブ運用による報酬が，多くのアセットマネジメント会社のビジネスモデルにとって中核をなすものであったため，スマートベータの隆盛は，大きな変化をもたらす要因の1つとなりうるのである。

　第三に，近年，世界中の運用資金が累増する一方で，株式や債券といった伝統的資産の時価総額の増加ペースが緩慢なため，他の資産に資金が流出していることが挙げられる。難しくいえば，マネーの希少性が低下し魅力的な投資対象が欠乏しているということである。**図表0－1**は，伝統的運用機関（年金・保険・投信）の運用資金規模と，伝統的資産の時価総額および経済規模を比較したものである。2008年から2018年までの10年間で世界のGDPは，グローバル金融危機からの回復過程で約64兆ドルから約86兆ドルと1.3倍になった。こ

2　従来の時価総額加重型の市場インデックスのように市場全体の平均や値動きを代表する指数ではなく，銘柄の特定の要素に基づいて構成された指数に連動する運用。

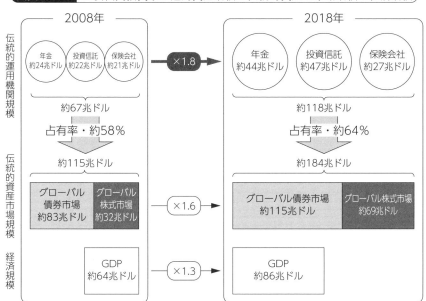

図表 0 - 1　主要機関投資家の運用資産規模と伝統的資産の市場規模・経済規模

(出所：OECD, ICI, BIS, World Bank のデータをもとに東京海上アセットマネジメント推計)

　の間にグローバル債券市場の時価総額は約83兆ドルから約115兆ドルへ，グローバル株式市場の時価総額は約32兆ドルから約69兆ドルまで拡大し，両者を合算した伝統的資産市場の規模は，約115兆ドルから約184兆ドルまで1.6倍になっている。つまり，世界経済の規模拡大ペースよりも，株式・債券市場規模の拡大ペースが若干上回っていたことになる。

　次に，2008年の伝統的運用機関の運用資産額は，年金約24兆ドル，投資信託約22兆ドル，保険会社約21兆ドルの合計約67兆ドルであり，伝統的資産市場規模約115兆ドルの58％程度の規模であった。しかし，10年後の2018年には，運用資産額が年金約44兆ドル，投資信託約47兆ドル，保険会社約27兆ドルの合計約118兆ドル（1.8倍）まで拡大し，伝統的資産市場規模約184兆ドルの64％程度の規模にまで拡大している。

　運用資金の規模が1.8倍になっているにもかかわらず，伝統的資産の規模が1.6倍にとどまっており，この間，高まる資産運用ニーズを満たすために，各

種の金利は低下するとともに，伝統的資産投資からあふれ出るように，様々な投資対象への拡張が進んでいるといってよいだろう。つまり，運用資金を預かるアセットマネジメントにおいても，受託資産の増加に対応して，伝統的資産にこだわらず，より魅力的な投資対象を提供できるように，ビジネスの軸足を移していく必要に駆られていたことが確認できよう。

注目される「オルタナティブ」の2つの波

　以上のような3つの変化を背景に，近年のアセットマネジメントの目指す方向性を大まかに区分するならば，運用コスト削減に正面から挑み，ETF等の指数連動プロダクトに注力するパッシブ化の道と，伝統的運用とは異なる領域である「オルタナティブ（代替的）投資」に挑戦する道に二極化し始めている。

　前者は，低報酬であるがゆえに「**量（運用資産額）**」を追求し，運用プロセスの装置産業化を図るビジネスモデル路線といえよう。運用パフォーマンスの巧拙という不確実性の高いビジネスを回避し，システム（装置）の早急な構築により，一気に高シェアを獲得する道は，ビジネス・リスクが低いという判断に基づくものといえる。装置ビジネスにより投資ビークルを提供するアセットマネジメント会社は，熾烈な競争のもとで寡占化が進み，ほぼアセットマネジメントの趨勢（勢力地図）が決着しているといってよいだろう。

　後者は，「**質（ベータの多様化とアルファの深掘り）**」の追求により報酬減圧力を回避し，運用プロセスの高度化を図るビジネスモデル路線といえよう。特に，グローバル金融危機のみならず新型コロナショックなど，十数年の間隔を置きつつも到来する大きなリスク回避局面を経験するに至り，伝統的資産のみの分散効果に頼るわけにはいかないと，多くの投資家も判断している。投資手法の多様性が残存しているだけに，将来の資産運用の枠組みを抜本的に変えていく可能性が残されている領域でもある。

　報酬引下げ競争，超過収益獲得余地の極小化，伝統的資産からあふれ出る運用資産の増加といった3つの変化にさらされ，近年のアセットマネジメントは，投資対象（ベータ）領域の拡張と，アルファ獲得領域の拡張という2つの方向へ舵を切り始めている。そこで，本書では，パッシブ化の潮流の詳細については他書に譲り，ベータの多様化とアルファの深掘りに着目して，将来の金融の

一翼を担うアセットマネジメントについて整理することを試みたい。低金利が常態化し，従来の伝統的な資産運用の次元から，代替的な新たな領域への挑戦こそが，顧客が望むアセットマネジメント・ビジネスの柱の1つであることは間違いないからである。

　ところで，ベータの多様化とアルファの深掘りという2つの路線は，「オルタナティブアセット（資産）」だけではなく，新たに「オルタナティブデータ（情報）」をも加えて推進されるようになっているため，そのキーワードは，「オルタナティブ化」という共通用語で一括りにすることができるだろう。前者は，伝統的な株式・債券投資の代替となる「オルタナティブアセット（不動産・プライベートエクイティ等）」投資を軸とし，分散効果を追求するための投資対象の多様化が求められている。この点に関する注目度は，特に金融機関，年金基金等のアセットオーナーにおいて非常に高まっているのが現状である。

　後者は，従来の財務データや市場データに加え，新しいタイプの「オルタナティブデータ（テキストデータ・サプライチェーンデータ等）」を対象に，AI技術の活用を試みるものである。この分野は，多くのアセットマネジメント会社が，超過収益追求のためにオルタナティブデータ処理に関する人材獲得競争を繰り広げており，さらに一般社会においても，データ量の多いオルタナティブデータであるビッグデータ処理のためのソフトウェア学習熱が高まっていることから，その関心の高まりを感じることができよう。

　従来，これら2つのオルタナティブ化は，アセットマネジメントでは，傍流的な位置づけであったものの，低金利環境の常態化およびデータ処理技術の高度化により，近年では主流に格上げされてきている。このアセットマネジメントの変化は，熾烈な競争が起こっているとともに，金融業全体のビジネス趨勢をも左右する重要なポジションとして注目度が高まっているだけに，金融関係者のみならず多くの人々がその動向を知っておくべき課題といえよう。未来の金融，その中でもアセットマネジメントの将来を考えたとき，避けては通れない「オルタナティブ」について整理し，かつ展望することは，単にビジネス動向の予測にとどまらず，多くの人々の資産運用にとって有為であるに違いない。

本書の特徴

　本書の構成は，大きく3つに区分される。

　まず，第Ⅰ部「オルタナティブ・アセットマネジメントの潮流」において，現在のアセットマネジメントの趨勢を考えるにあたって，避けては通れない21世紀以降の金融市場の特徴を第1章で概観した上で，「オルタナティブ」が主流化してきている背景を第2章で整理している。また，今後重要になってくると考えられる流動性プレミアム（低流動性資産の追加的リターン）についての基礎的な考察を第3節で行い，将来の伝統的資産とオルタナティブアセットとの統合的資産配分に向けての方向性を提案している。

　さらに，オルタナティブデータについては，新たなデータ社会の到来により，社会構造そのものが基盤から変化しようとしている時代性を整理し，データのもつ価値について大胆な構図を第4節で描いている。オルタナティブデータを検討する上では，逆戻りできない社会の変化を前提条件として設定しておくことが必要であると考えたからである。

　次に，第Ⅱ部「オルタナティブアセット投資という選択」において，第3章では，オルタナティブアセットについて全体を総論的に概括し，第4章で低流動性資産を，第5章では非低流動性資産についての各論を展開している。この3つの章では，機関投資家やアセットオーナーが実際に投資を検討する際に，抑えておくべきオルタナティブアセットに関する基本事項を整理している。いわば，オルタナティブアセット投資のハンドブックとして活用できるように，小項目に区切って構成してあるため，各種投資家が手元に置いて確認しやすくなっている。なお，第5章第2節のCATボンド（弊社においてインハウス運用を実施しているため，運用者の立場からの市場分析に軸足を置いた内容になっている）を除くオルタナティブアセットに関しては，運用者を選択して委託するという立場から，実務的なプロセスも対象としている。わが国の機関投資家やアセットオーナーにとっては，インハウスでの運用を進めるよりも，外部運用者を活用するのが一般的であるからである。

　そして，第Ⅲ部「オルタナティブデータの衝撃」では，近年のAI運用の潮流とオルタナティブデータについて実務的考察を加えている。具体的には，第6章で，オルタナティブデータの概要を確認し，第7章で，テキストマイニン

グの最前線について考察し，そして第8章では，オルタナティブアセットの代表である国内不動産について，その新たな不動産価格指数の活用について提案している。オルタナティブデータの活用は，日進月歩の感があり，目を離していると大きく状況が変化していく。そのため，一定時点での整理は，過去の一時点の状況に過ぎないかもしれない。しかし，現段階の断面を整理することで，次の発想の展開の契機とすることは有効であろう。

　特に，第7章については，欧米の学術研究においての焦点が当たっている領域であり，いささか専門的になるものの，あえて掲載することにした。第8章で紹介している日次不動産価格インデックスの算出は，不動産ファンドのリアルタイム評価によるリスク計測が可能になるという点で，既存の鑑定価格ベースの不動産価格とは異なる代替的な位置づけとなるオルタナティブデータと表現することが可能であろう。

　以上のように，「オルタナティブ」と一言で表現しても，その領域は多様であり，それぞれの内容について深耕するためには，専門家による論述が求められる。そこで本書では，スペシャリストである多くのアナリストやファンドマネジャー・プロダクトマネジャーが分担して執筆するスタイルを採用しているため，読者にあっては，興味のある部分をつまみ食いできるようになっている。オルタナティブ・アセットマネジメントが，代替的な位置づけから，現在，そして未来にわたり主役を務める大きな存在になってきていることを感じていただけたら幸いである。

　総論および各論の執筆担当者は，次頁に記す東京海上アセットマネジメント株式会社の運用本部およびオルタナティブ運用本部における各領域の専門家が担当，執筆した。

　なお，監修者，編著者，著者および出版社は，本書内の見解の正確性を保証するものではなく，本書の内容の使用等により，直接的・間接的に生じる結果に対して，編著者および著者と出版社は一切の責任を負わないものとする。

2020年11月

東京海上アセットマネジメント株式会社

執行役員　運用本部長

編著者　平山　賢一

［執筆者一覧］

はじめに	平山　賢一	（運用本部長）
第1章	平山　賢一	（前掲）
第2章　第1・2節	平山　賢一	（前掲）
第3節	清水　智也	（運用本部　ソリューション運用部）
第4節	平山　賢一	（前掲）
第3章	濱　　康彦	（オルタナティブ運用本部　マルチマネージャー運用部）
第4章　第1節	髙田　創一	（オルタナティブ運用本部　プライベートエクイティ運用部）
	遠藤　章弘	（オルタナティブ運用本部　プライベートエクイティ運用部）
	濱　　康彦	（前掲）
第2節	川野　真治	（オルタナティブ運用本部　海外不動産投資部）
	濱　　康彦	（前掲）
第3節	本荘　和宏	（オルタナティブ運用本部長）
	濱　　康彦	（前掲）
第4節	髙田　創一（前掲），遠藤　章弘（前掲），濱　　康彦（前掲）	
第5章　第1節	小野　芳哲	（オルタナティブ運用本部　マルチマネージャー運用部）
	相崎　琢也	（オルタナティブ運用本部　マルチマネージャー運用部）
	濱　　康彦	（前掲）
第2節	三橋　威夫	（運用本部　副本部長）
第3節	西野　慶太	（運用本部　運用戦略部）
第6章	三橋　威夫	（前掲）
第7章	三輪宏太郎	（運用本部　ソリューション運用部，2020年10月から九州大学大学院　経済学研究院　准教授）
第8章　第1・2節	増田　顕範	（運用本部　ソリューション運用部）
第3節	平山　賢一	（前掲）
おわりに	本荘　和宏	（前掲）

目　　次

第Ⅱ部　オルタナティブアセット投資という選択

第Ⅲ部　オルタナティブデータの衝撃

オルタナティブ・アセット
マネジメントの潮流

2

第 1 章

21世紀の金融市場と
オルタナティブアセット投資の台頭

　オルタナティブアセットへの投資は，年を追うごとに増加しており，金融機関や年金基金等のアセットオーナーからの注目度も高まっている。戦時期には低金利が続き，金融市場の変動率が高まった局面で，株式と債券の相関が高まり，分散効果が期待しづらくなることがあった[1]。現代も低金利が常態化しており，伝統的資産間での分散効果が低減しているが，戦時期と異なるのは分散効果が残余するオルタナティブアセットに対する関心が高まっていることである。今後も低金利が続くならば，アセットオーナー等は，ヘッジファンドやプライベートエクイティ（デット）だけではなく，内外不動産，バンク・ローン，保険リンク証券（CATボンド）といった伝統的資産とは異なる資産（アセットクラス）へ熱い視線を注ぎ続けるだろう。

　投資家の軸足は，これまで資産運用の主流であった株式や債券といった伝統的資産から，それ以外の資産クラスや運用手法でのオルタナティブアセット投資へと変化し，資産運用の多様化が進んでいるわけである。以下では，金融の歴史を確認した後に，特に1990年以降の金融市場動向と結びつけて，オルタナティブアセット投資拡大の経緯について整理してゆきたい。

1　戦時期における分散効果の低減については，平山賢一（2018），184〜186頁を参照。

第1節 金融の歴史を塗り替えた長期債利回り[2]

　まず確認しておきたい点は，オルタナティブアセット投資の隆盛は，金融市場の推移と無関係ではないということである。株式や債券といった伝統的資産のリターンの長期的推移が，資産配分をはじめとする資産運用の基本方針を大きく左右するからである。その際に理解すべき点は，世界の金利の歴史において下限とされてきた長期債利回り水準2％が，グローバル金融危機以降，主要国で破られてきたという点である。人類の歴史からみれば，明らかに大きな分水嶺にわれわれは立たされているといえよう。

　17世紀以降の欧米金利の歴史を振り返ると，公債利回りの下限は，おおむね2％であった。中世以降の欧州金利の事例からは，2％ラインは重要な節目といってもよく，イタリアのジェノヴァのルオーギ債・割引金利は，17世紀に2％を下回り，1.125％を記録した後に，短期間で一気に金利水準は5.5％台まで急騰している。また，17世紀に栄華を誇ったオランダは，欧州における商業の中心地の地位を得ると，貿易による利益による富を蓄積した。この蓄積された富は，オランダの年金公債などに投資され，国債消化をサポートしたため長期金利は低位で安定推移することになる。当時のオランダの長期金利も，2％台が下限であった。

　一方，18世紀，フランスで発生したミシシッピーバブル時の長期金利は2％まで低下したものの，そのバブル崩壊により国債価格も下落し，長期金利は5％まで上昇した。英国のコンソル債（永久債）の下限も，19世紀末や20世紀前半に2％台となっていることから，欧州金利の推移を長期にわたり観察していくと，2％ラインというのは，次の金利上昇期への節目，金利の下限として重要な水準だったのである。

　興味深いことに，欧米社会において，最低金利国（年金公債や永久公債などの長期政府債務の利回り）は，時代とともに覇権循環のように移行している。中世から近世にかけての最低金利国は，イタリア諸都市群であり，17世紀には，その地位をオランダに譲った。その後19世紀に入ると，産業革命による富の蓄

2　詳しくは，平山賢一（2016）参照。

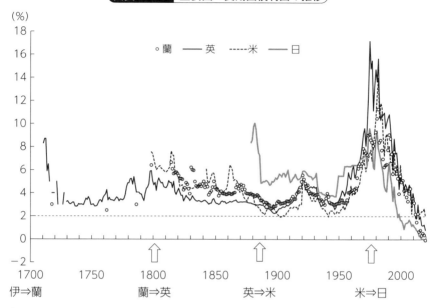

図表1－1　主要国の長期国債利回り推移

（出所：Homer and Sylla（2005），東洋経済新報社（1924），ブルームバーグ各国10年国債利回り（ジェネリック）のデータをもとに作成）

（※）　ブルームバーグ®は，ブルームバーグ・ファイナンス・エル・ピー（Bloomberg Finance L.P.）およびその子会社（総称して「ブルームバーグ」）の商標およびサービスマークです。バークレイズ®は，ライセンスに基づき使用されているバークレイズ・バンク・ピーエルシー（Barclays Bank Plc）（その子会社とともに総称して「バークレイズ」）の商標およびサービスマークです。ブルームバーグおよびバークレイズの両者とも，本書に含まれる情報もしくは資料の正確性または完全性を承認，是認，または保証するものではなく，また，そこから導きだされる結果について，明示・黙示を問わず何ら保証するものではありません。法律によって許される最大の限度で，ブルームバーグおよびバークレイズの両者とも，本書に含まれる情報もしくは資料に関連して起因するいかなる傷害もしくは損害についても一切の責任を負いません。

　積が，最低金利国の地位を英国に移行させるものの，19世紀末には，南北戦争を乗り越えた米国の金利水準が英国を下回るようになった。しかし，米国の時代も，ニクソンショックを挟み，石油ショックが世界を席巻した1970年代に，膨大な累積経常黒字国となる日本に変転する。わが国の長期債利回りを，戦前を金禄公債や第一四分利公債，戦後の一時期を地方債などで補完して確認すると，1970年代に米国から最低金利国の称号を受け継いだのである。
　つまり，最低金利国は，富の蓄積センターの移転とともに，図表1－1に示

すようにイタリア（伊）→ オランダ（蘭）→ 英国（英）→ 米国（米）→ 日本（日）
という具合に移行してきているのである。気になる点は，スイスが，2016年に
マイナス金利に突入したわが国に先んじて，2015年にマイナス金利圏に突入し
た点である。スイスおよび一部の欧州諸国の長期金利は，2020年7月末現在，
わが国の長期金利回りよりも低い水準になっており，相対的にわが国の長期国
債利回り水準は，世界最低水準ではなくなっているのである。スイスは，対ユー
ロで上昇基調にある自国通貨・スイスフランの急上昇を抑制するためにも，い
ち早くマイナス金利を導入し，長期債利回りもわが国よりも低くなっているか
らである（ドイツをはじめ一部欧州諸国の長期債利回りも日本を下回っている）。

　この地位の逆転が歴史的な節目なのか否かは，もう少々時間の経過を待たな
いと判断できないものの，長期債利回りのゼロ近接化・マイナス化は，わが国
だけではなくグローバルな現象の1つであるといってよい。この現象を背景と
して，世界中を資金移動する資金は，少しでも高い利回りを求めて動く**サーチ・
フォー・イールド**（Search for Yield）の動きを続けざるを得ないといえよう。

　次にわが国の債券市場の歴史的推移を確認しておこう。わが国の長期国債利
回りは，**図表1-1**にあるように，1997年に2％水準を下回った。歴史的には，
長期債利回りの下限は2％であるケースが多かっただけに，世界に先駆けて，
新しい時代に突入したと考えてよいだろう。資産運用にとっても，従来の国債
での運用を主軸にした分散投資から，より多くの資産を対象に総合的に資産配
分していく姿勢が問われる状況に至ったと考えてよい。

　金利水準が低下していくのと歩調をそろえるように，債券投資によるリター
ン（収益率）の水準も低下傾向で推移している。わが国の代表的な債券指数で
ある NOMURA-BPI（総合）の推移を**図表1-2**で確認すると，1980年代か
ら1990年代前半にかけて良好だった債券リターンは，1990年代後半以降低下し，
21世紀に突入してから5％を上回ることはなくなっている。事業債等も含んだ
平均複利利回りも2019年には0％に近接している。

　一方，債券市場全体のデュレーション（金利変動による債券価格の感応度を
示す指標）は，1985年の3.99から2019年には9.46まで2.4倍弱にまで上昇してい
る。これは，市場全体の債券（残存年限1年以上）に投資したときに，金利変
動に応じた債券価格の変動率が2倍以上になっていることを意味する。一般に，

図表1-2 低調な国内債券のリターン(※)

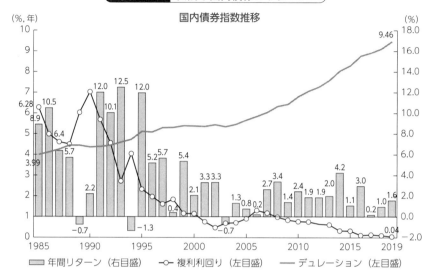

国内債券指数推移

凡例: 年間リターン（右目盛）　複利利回り（左目盛）　デュレーション（左目盛）

（出所：NOMURA-BPI（総合））

（※）　NOMURA-BPI総合，NOMURA-BPI事業債の知的財産権およびその他一切の権利は野村證券株式会社に帰属します。野村證券株式会社は対象指数の正確性，完全性，信頼性，有用性，市場性，商品性および適合性を保証するものではなく，対象指数を用いて行われる東京海上アセットマネジメント株式会社およびその関連会社の事業活動・サービスに関し一切責任を負いません。

同じ金利変動でも，短期債よりも長期債の方が債券価格の変動は大きくなるため，市場全体では残存期間の長い債券が多く発行されてきていることの証左である。仮に1％金利が上昇した際には，デュレーションが2倍になっていると，債券価格の下落およびキャピタルロス（債券を売却した際の価格下落による損失）が2倍程度に膨らむ。

　投資家は，金利水準が低下してインカムゲイン（利子収入等による利益）が僅少化しているにもかかわらず，一旦金利が上昇すると大幅なキャピタルロスが発生する資産として，債券を位置づけざるを得なくなっているのである。つまり，債券投資によるインカムリターンの積上げの可能性は低下し，金融緩和によるキャピタルゲインの獲得が実現しなければ，国内債券から得られるリターンもマイナスになる可能性が高まっている。実際は，イールドカーブのロールダウン効果[3]なども含めて，債券投資の所有期間リターンを計算すべき

図表1－3　グローバル金融危機以降縮小してきた事業債スプレッド

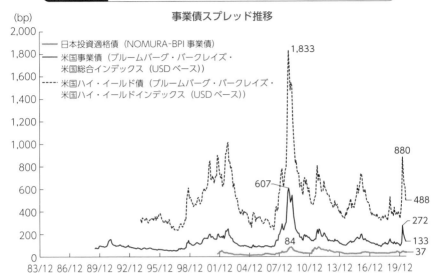

(出所：ブルームバーク (2020年7月まで), 1bp＝0.01%, 図表1－1および図表1－2の注 (※) 参照)

であるが, マイナス金利政策が発動されて以降, 投資家は, 債券投資による期待リターンを高く見積ることが困難になり, 相対的に他資産へと資金を振り向ける必要性が, より高まったといえよう。

また, 国債利回りだけでなく, 世界的に事業債等のスプレッド (同残存年限の国債利回りを上回る利回り) が, グローバル金融危機 (2008年) 以降, 低下基調で推移してきたことも, 資金移動に影響を与えてきた。例えば, **図表1－3**に示すように, 米国の事業債のスプレッドは, 2008年に607bp (＝6.07%) まで上昇したが, 国債利回りが低下する中で, より高い利回りの債券へと資金シフトが発生したため, 縮小している。同様に, 2008年には, 米国のハイ・イー

3　イールドカーブが右肩上がりの形状 (長期債ほど利回りが高い) の場合に, 時間経過とともに保有債券の利回り水準が低下していくため, 全体の金利水準が不変でも, 所有期間利回りはかさ上げされること。イールドカーブが右肩下がり (長期債ほど利回りが低い) の場合には, 逆の現象が生じるが, 20世紀末以降では, イールドカーブが右肩上がりであるケースが多いことから, このロールダウン特性は債券運用成果の底上げに貢献してきた。

ルド債のスプレッドが1833bp（＝18.33％）まで大幅に上昇したが，約10年間の歳月を経て，趨勢的に低下してきているのが**図表１－３**で確認できる。債券市場では，より高い利回りの債券への資金流入が加速したことでスプレッドが縮小したため，利回りという観点からの魅力が低下してきたといえよう。その分，債券という資産クラスから，サーチ・フォー・イールドの一環として利回りが高い資産クラスやオルタナティブアセットへの資金移動が発生してきたのである。

　なお，2020年初頭には，グローバルに信用不安が一時的に高まり，スプレッドも拡大したものの，政策当局による積極的な対応により沈静化しており，オルタナティブアセットへの資金移動に歯止めがかけられる可能性は高まっていないといえよう。

第2節　サーチ・フォー・イールドの帰結

　図表１－４は，債券だけではなく株式も含めたリターンの推移を考慮し，1985年以降の先進国株式・米国債のトータルリターンを米ドルベースで記したものである。1980年代以降40年間の長きにわたり，世界の長期債利回りは低下してきており，年間リターンも低下基調で推移しているのが目をひくだろう。

　米国債投資によるリターンは，1980年代には12％を超えていたものの，1990年代7％半ば，2000年代6％強という具合に低下しており，2010年代（2019年12月まで）は3％になっている。2019年8月には，マイナス利回りの債券が一時的に17兆ドルを上回るという極端な現象が発生したほどである[4]。前記したように債券利回りの極端な低下は，金利低下余地の限界を意味することから，インカムゲインだけではなく，キャピタルゲイン獲得の可能性を低下させるため，2020年代の債券投資による期待リターンは，高水準を見込むことは難しいといえよう。今後は，相対的に高い利回りを求めて国債以外を対象とした債券投資であっても，従来，獲得できてきたリターン水準を得つづけることは難し

4　データはBloombergによる（Bloomberg Barclays Global Aggregate Negative Yielding Debt Market Value USD）。

いとの声が高まっているのが現状である。

　一方，株式市場は，長期間にわたり，債券を上回るリターンを提供してきた
ものの，グローバル金融危機が発生した2000年代には，先進国の株式投資によ
るリターンは急低下した。10年間にわたるリターンが年率0.2％となり，長期
で保有すれば優れたリターンを獲得できるという株式投資の神話は，崩れ去っ
たといえよう。確かに2010年代は，先進国株式のリターンは10.1％まで回復し
ているが，多くの中央銀行が足並みをそろえて非伝統的な金融緩和政策を採用
したという「追い風」が吹いていたという要因も大きい。

　また，2020年初頭には，新型コロナショックが世界中を席巻し，経済環境の
大幅な変化とリスク性資産からの逃避が発生した。①ショックの直接的な要因
が経済・金融情勢の悪化ではないことや，②世界中の金利水準がすでに低下し
ており，さらなる金融緩和余地が限られていること，そして③政府債務が累増

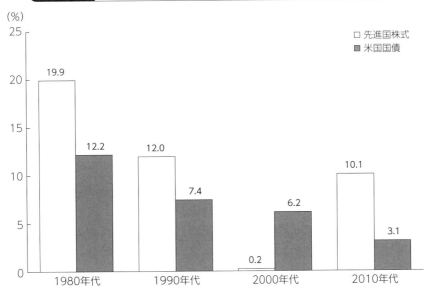

図表1-4　先進国株式・米国債のトータル・リターン（米ドルベース）

（注）　先進国株式は，MSCIワールド指数（配当込み，米ドルベース），米国債はブルームバーグ・バー
　　　クレイズ・米国国債指数（米ドルベース）
（出所：ブルームバーグ（1985年1月〜2019年12月），図表1-1および図表8-3の注（※）参照）

しているため，減税や公共投資といった財政政策も野放しに実施しがたいとの見通しが強まったこと等から，金融市場の安定が揺らいだわけである。グローバル金融危機以降，実体経済を上回るスピードで拡大してきた金融市場への警告が発せられたとともに，世界中を移動してきたヒト，モノ，カネ，データに歯止めがかけられる中で，世界経済をけん引してきたグローバル企業の高成長も従来とは異なるフェーズに突入したといえよう。そのため，今後，中期的な金融市場のリターンは，従来の長期的な平均水準を上回る水準が達成されると期待すべきではないだろう。

現代ポートフォリオ理論では，資産間の相関関係に基づき分散効果が得られるという枠組みを前提としている。より直観に合う考え方としては，伝統的資産への分散投資では，変動率の高さからマイナスリターンに落ち込む可能性のある株式投資であっても，安定的なリターンを得られる債券投資を**リスクバッファー**として位置づければ，マイナスに落ちこむ可能性を低下させることができるだろう。リスクバッファーという考え方は，もしものときには，債券のリターンで，株式投資のマイナス分を補うことができれば，その分だけ株式投資にも積極的に取り組めるということも意味する。しかし，債券利回りの低下によりバッファーの余地が限られてきているため（インカム水準の低下のみならず債券価格の上昇によるキャピタルゲインの積上げの可能性も低下しているため），従来とは異なり，債券と組み合わせて積極的に株式投資でリスクテイクしていくという方針が立てにくくなっているのが現状である。

つまり，①マイナス金利を含めたリスクフリー資産の金利水準低下，②債券利回りおよび非国債スプレッドの縮小，③株式投資によるリスクテイク意欲の低下などが，今後の伝統的資産リターンに対する期待感を低下させているといえる。そこで伝統的資産の範疇からあふれ出て，新たな収益の源泉の多様化を求める動きが近年加速しているわけである。この投資対象の多様化の流れは，金利水準に代表されるように金融情勢が非連続的に水準移転していることから，一過性のものではなく構造的チェンジと捉えるべきであろう。それだけ，債券や株式といった伝統的資産以外のオルタナティブアセットへの資金移動の可能性が高まっているわけである。

第3節　地政学的要因と投資家のリスク回避姿勢

　このようなマネーの流れだけではなく，その背景にあるモノの流れ，すなわち国際交易にも変化の兆しがみられる。今後のアセットマネジメントを考える上では，金融現象だけではなく，国際関係の潮流変化とそれに基づくモノの流れにも注意する必要があるだろう。20世紀だけをみても，地政学的関係の変化が，金融市場のリスクと投資成果を左右してきたからである。

　2010年代後半以降，米中間の貿易戦争だけではなく，世界中の至るところで国家間，もしくは地域間の対立が深まり，保護貿易による支障が出始めている。世界中で，モノの流れに目詰まりが発生する可能性が高まっていると言い換えることもできよう。本来，世界の貿易が活発になれば，必要とするモノをより安い価格で購入する機会が増え，より高い価格でモノを売る可能性が高まるはずである。そこで，世界経済システムは，自由貿易を推進し，モノがグローバルに循環できるシステムが推進されてきた。WTO（世界貿易機関）やTPP（環太平洋パートナーシップ協定）も，その自由貿易のための大掛かりな仕組みの一種であったといえる。

　反対に，輸出や輸入が国際関係の悪化により滞れば，より安価での購入や，より高値での売却のチャンスが減るため，経済成長にとってはマイナスの影響をもたらす可能性が高まる。歴史的には，1929年の米株価大暴落に端を発した世界恐慌以降，自由貿易が後退し，保護貿易が浸透したことが思い返される。世界中がいくつかのブロック（同盟）に分断され，経済利害が政治対立と結びつきながら，国際関係が悪化した1930年代は，やがて第二次世界大戦へ至る助走期間と位置づけられよう。世界中をモノやサービスが行き交うことで，お互いの国や地域が融合していく相互依存の世界では，政治的な対立も解消されるものの，世界貿易の緩慢化や保護貿易の台頭は，国際関係悪化の象徴的な出来事として注意すべきなのである。

　ところで，世界の貿易額は，21世紀に入ってからグローバル金融危機までの間，中国をはじめとした新興国経済の発展を背景にハイペースで拡大したものの，2010年代以降に，貿易額の増加率は低下している。世界中の輸出額と輸入額を合計した世界貿易額も，2018年の38.7兆ドルをピークに，いよいよ2019年

には低下しており，2020年以降は，この基調が続く可能性が高まっている。このモノの流れの緩慢化に沿うように，カネの動きにも変化がみられ始めている。スポット取引（約定から受渡日まで2営業日以内の外国為替取引）による為替取引高は，2013年年間750兆ドル弱，2016年年間600兆ドル強，2019年年間725兆ドル強という具合に，足踏みし始めているのである（**図表1-5**参照）。

しかし，注目すべき点は，これまで順調に拡大してきた資金受渡を伴う異通貨間でのカネの取引に変調がみられる点だけではない。この為替取引高を貿易額で除した為替倍率（スポット）が，19倍前後を維持しており，カネの動きがモノの動きよりもはるかに大きな規模になっている点にも注目すべきであろう。国境を越えて移動するカネ（為替スポット取引）の流れは，モノの流れの約20倍の規模になっているという事実は，改めてその違いに驚かされる。カネの流れの相対的な巨大さは，世界経済の脆弱性の一部でもある。モノをはるかに上回るカネが世界中を巡回しており，貿易戦争だけではなく，為替戦争や資本戦争という様相にまで大国間の対立がエスカレーションするならば，世界経済に

図表1-5　グローバルに拡大してきたモノとカネの流れ

世界貿易額・為替取引高と為替倍率

（出所：IMF，BIS）

破壊的な影響を与える可能性を危惧すべきだからだ。

　さらに興味深いのは，フォワード，スワップ，オプション取引などのデリバティブズも含めた為替取引高は，2019年に2,400兆ドルを上回り，貿易額の約63倍（デリバティブズ含めた為替倍率）まで拡大している点である。ITバブル崩壊の際に，この為替倍率は一旦低下しているものの，その後2001年からは息をつかずに拡大基調を続けているのが**図表1-5**から確認できよう。

　つまり，国境を越えて世界中を駆け巡るモノの動きが緩やかになる一方で，同じく世界中を駆け巡るデリバティブズを含めたカネの動きは，2019年にかけて，抑制が効かなくなっていたわけである。国際経済における，貿易取引よりも金融取引の果たす役割や影響が格段に大きくなっている点には留意すべきであろう。経済実態を伴うモノ取引（リアル）をはるかに超えたカネ取引（バーチャル）の歯止めが効かなくなるならば，好循環がはたらく時代には，レバレッジを活用したユーフォリオ（陶酔）やバブルを生むことになる一方で，一旦逆回転がはたらくならば混乱とバーストが深刻になるからである。

　このように，世界中の資金循環が活発になる中で，2020年には実態経済に急速なブレーキがかかっていることから，従来のようにデリバティブズを含むグローバルな為替取引の規模は期待しづらいといえよう。つまり，グローバリズムとは真逆を向いた地政学的関係の悪化が続き，モノの流れだけではなくカネの流れも緩慢化する可能性が高まっているため，資産運用にあっても，リターンをとことんまで追求する姿勢よりも，リスクを極力回避する抑制的な姿勢が続く可能性を指摘できるのである。

第4節 オルタナティブアセットの位置づけ

　20世紀末以降のグローバリゼーションは，国境の壁を越えた相互依存を強めた代わりに，一旦危機が発生すれば，その伝播のスピードは加速度を増し，影響度も広範，かつ大きくなっているといえよう。そのため，2008年のグローバル金融危機だけではなく，今後も，グローバル経済は，大規模な危機を度々経験することになるだろう。だが，大規模な危機が発生する際には，危機の発生とともに，政策当局者および中央銀行が，巨額資金を金融市場に供給し，積極

的な流動性供給を実施することで，グローバル経済破綻の回避を図るはずである。そのため，危機的な流動性枯渇は，一時的に生じたとしても，ある程度の期間を経れば，中央銀行により流動性の危機は回避される可能性は高いとの見通しが市場参加者には共有され始めている。

　例えば，米国の中央銀行に相当する連邦準備制度理事会（FRB）は，グローバル金融危機に際し，積極的に国債やエイジェンシー債を購入し，金融市場に資金を投入することで，株式や信用度の低い債券，そして流動性の低い資産へ資金が流入するように促した。わが国や中国の場合も，持続的に中央銀行のバランスシート拡大が図られ，特に日本銀行の場合には，2013年以降，そのペースが加速した。2008年にグローバル金融危機が発生してから急拡大した主要中銀（米連邦準備制度，欧州中銀，日本銀行，中国人民銀行）の資産残高は，金融機関等から積極的に国債等を購入することで，約7兆ドルから2018年3月には20.7兆ドルまで膨らんだのである。

　その後，10年間の時を経て，グローバル金融危機からの脱出が鮮明になるに

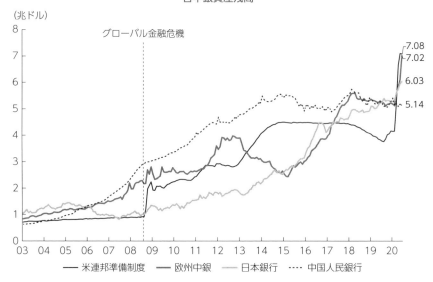

図表1-6　危機に際し流動性を供給する各中央銀行

各中銀資産残高

（兆ドル）

グローバル金融危機

7.08
7.02
6.03
5.14

03　04　05　06　07　08　09　10　11　12　13　14　15　16　17　18　19　20

― 米連邦準備制度　― 欧州中銀　― 日本銀行　····· 中国人民銀行

（出所：各中銀のデータをもとに作成（2003/01〜2020/06））

つれ，この流動性供給姿勢は後退し始める。日本銀行を除く3中銀の資産残高（米ドル）はピークアウトし，2019年にかけて低下基調で推移しており，米国が3.8兆ドル弱（2019年8月），欧州中銀が5.1兆ドル（2019年9月），日本銀行が4.9兆ドル，そして中国人民銀行が5.1兆ドル（2019年10月）まで縮小したのであった。しかし，2020年初頭には，再度，株式市場の変動率が高まり，多くの企業等が資金繰りに窮するようになると，中央銀行は金融市場に流動性を供給したのである。特に，米連邦制度理事会は，7.1兆ドル弱（2020年6月）まで急速にバランスシートを拡大させ，金融市場の不安心理を一掃すべく対応したのであった。4中銀の資産合計も2020年6月には，25.3兆ドルを記録し，2018年3月の記録を更新するに至っている。

相次ぐ危機の発生を経て，低金利が常態化し，意図せざるタイミングで株式やハイ・イールド債の評価額暴落を経験してきた投資家にとっては，伝統的資産への投資により得られる成果（リターン）が，リスク水準対比で魅力的でないと考えるのも無理もないことである。一方，危機後に，中央銀行が必ずといってよいほど着実に流動性を供給する行動を，特に機関投資家は，間近で経験してきたのも事実である。中央銀行の流動性供給の姿勢をみるにつけ，低流動性という特性はあるが評価額（名目）の変動が低いオルタナティブアセットに対する投資家の視線が，熱くなってきたのは当然といえよう。

つまり，市場流動性が担保されると，即時資金化が求められるリスクへの警戒感が希薄化し，それだけ，低流動性資産に対する選好も高まりやすくなると考えられる。中央銀行が，低流動性資産投資のラスト・リゾートとして控えているからである。投資家のリスク回避志向と，中央銀行の流動性供給姿勢が組み合わさることで，伝統的資産からオルタナティブアセットへと資金が流れる素地が醸成されているわけである。

しかし，オルタナティブアセットへの資産配分を高める投資家にとっては，中央銀行の流動性供給姿勢が持続可能なものであるか否かという点については検討する余地があるのはいうまでもない。多くの資金が主要中銀から投入されてきた金融市場から，資金が抜けていく局面では，流動性が低いにもかかわらず過大評価されてきたオルタナティブアセットにも転機が訪れるかもしれないからである。

　機関投資家などは，長期的に資金を寝かせることを前提としてオルタナティブアセットへ投資しているとはいえ，中央銀行の資産圧縮に代表されるマクロ的な流動性低減局面が長期にわたり続くならば，前提がそのまま通用しなくなるシナリオも頭の片隅に描いておくべきである。グローバル金融危機から10年の時間を経て，中央銀行の超緩和姿勢が転じたものの，2020年に再び超緩和姿勢に戻るまでの期間は２年にも満たなかったため，オルタナティブアセットに対する投資家の選好姿勢は揺るがなかったのかもしれない。

　仮に，グローバルなモノやカネの流れに支障きたし，局地的な不均衡が生じた場合には，中央銀行の姿勢を続けることが困難になり，金融市場への流動性供給の持続性に疑問符がつくだろう。オルタナティブアセット投資への軸足のシフトは，中央銀行の姿勢の将来予想に依存しているのである。この前提に立ち，オルタナティブアセットへの投資には，以下の３点にわたる注意事項を再認識しておくべきだろう。

　第一に，過剰流動性のおかげで，低流動性資産に資金が流入したため，投資家の要求するリスクプレミアムが低下している点には注意すべきであろう。オルタナティブアセットに区分される低流動性資産の期待リターンも低下しているため，資産の評価額下落に対するリスクバッファーも低下しているからである。

　第二に，特に不動産に代表される低流動性資産の時価や資産評価額は，経済環境等の局面変化を柔軟に反映していない点にも注意したい。評価額は，ゆっくりと時間をかけて環境変化を織り込み，調整されていくため，評価額の減退を認識するまでにラグが生じるからである。当然ながら，資金回収には，低流動性資産という名称が示すとおり，換金までに相当期間を要するという点は，評価までのラグに加えて再認識しておきたい。

　そして，第三に，流動性プレミアムは期待リターンに反映されているものの，その水準が中央銀行の過剰流動性の継続により圧縮される一方，低流動性リスクは価格変動リスクに反映されていないという対照性が存在している点は強調しておきたい。これは非常に重要な視点であり，現代ポートフォリオ理論に基づく投資配分比率の最適化が困難であることを意味する。低流動性資産では，低流動性リスクも勘案したリスク水準が過小評価されているにもかかわらず，合理的な配分比率の算出が実施されていないからである。

　多種にわたるオルタナティブアセット投資の中でも低流動性資産への投資では，当初換金できない期間があるケースや，換金するまでに時間を要するケースなど，前述したように伝統的資産に比べて流動性が低いというデメリットがある。伝統的資産への投資では，ローリスク＝ローリターン，ハイリスク＝ハイリターンという具合に，価格変動リスクに応じたリターンが得られることを前提にしているが，オルタナティブアセット投資では，低流動性というデメリットの見返りにリターンを得るわけである。つまり，より高いリターンを得るためのリスク負荷が，価格変動リスクから流動性リスクへと異なる基準に転換されているといえる（**リスクの次元転換**）。そのため，多様なオルタナティブアセット投資により，リスク次元の分散も図られることが期待されるといえよう。

　今後は，低金利環境が常態化する中で，ポートフォリオにおけるオルタナティブアセットの位置づけは，さらに高まっていくことが想定される。そのため，特に機関投資家は，株主や国民・受益者に対して，オルタナティブアセットの投資比率の合理的説明が求められるようになってくるはずである[5]。超金融緩和環境が続き，資産価格が上昇している過程では，オルタナティブアセットへの投資比率についての説明責任は，それほど注目されなかったのは事実かもしれない。しかし，環境次第では，オルタナティブアセットの投資比率についての合理的な説明責任が求められることは意識しておきたいところである。資産運用の効率性を高めるためにオルタナティブアセットに注目するならば，従来以上に，定量的なリスク管理手法の高度化が求められるといえる。本書では，このオルタナティブアセットのうち，特に不動産投資比率に対するリスク管理手法の高度化事例（第8章）や，流動性プレミアムの定量的検証（第2章3節）などについて触れているが，その詳細は，次章以下で記すことにする。

（執筆担当：平山賢一）

5　投資家は，なぜ低流動性資産への比率を5％や10％という水準にしているのかを，合理的に答えることが果たしてできるのか。最終投資家にあっても，その受益者が存在しており，その受益者に対する説明責任を果たすことに支障があるならば，低流動性資産に対する投資を正当化できなくなる。つまり，流動性プレミアムおよびリスクに対する合理的マネジメントを前提にしない低流動性資産への投資は，アカウンタビリティ問題を内包しているといえよう。

第 **2** 章

オルタナティブアセット投資の主流化とオルタナティブデータの台頭

第1節 わが国のアセットマネジメントとオルタナティブアセット投資への道

　オルタナティブアセット投資が台頭してきた背景を確認するために，わが国のアセットマネジメントの潮流を翻って確認したい。ヘッジファンドが黎明期から勃興期を迎えた1990年代を起点とすると，おおむね4つの局面に区分して，アセットマネジメントの特徴を整理できよう。

1　アクティブ運用特化型化

　第一期を1990年代とすれば，おおむね2000年の IT バブル崩壊頃までは，わが国のアセットマネジメントにとっては大きなトピックスとなった「運用拡大」（年金運用機関の拡大および運用規制の緩和等）が実施され，多くのアセットマネジメント会社が大競争を繰り広げるようになった時代である。運用拡大では，それまで生命保険会社や信託銀行に限られていた年金運用が，アセットマネジメント会社にも開放された。ベンチマークに選ばれた市場インデックスを基準に，一定のトラッキングエラーの制約下で超過収益，すなわちアルファ・リターンを獲得していく運用が主流となり，各社は運用成果の積上げに躍起になった。

　従来の運用が，伝統的資産の代表である国内株式，国内債券，海外株式，海外債券を組み合わせて，資産配分効果も追求するバランス型運用を中心とする

ものであったのに対して，アセットクラスごとに特徴のある運用機関を選択する特化型運用が中心になる。

　また，有力商品の1つであった生命保険会社の一般勘定は，金利水準の低下により，それまで基準とされていた予定利率（年金基金等が現価を求める際の割引計算に用いる将来の運用利回り）5.5％を上回る運用が難しくなったのもこの頃である。そのため，金融市場の変動や超過収益等に応じて運用成果が左右される特別勘定が注目されるようになり，信託銀行でも個別アセットクラスによる選別競争が激しくなった。この期間は，「**アクティブ運用特化型化**」が隆盛した時代といってよいだろう。

2　パッシブ化と絶対収益化

　第二期は，2000年以降の3年連続の株価下落を経験する中で，予定利率も大幅に低下したため，年金基金等の求める運用姿勢も大きく転換した局面である。特に企業年金の場合には，リスク許容度も大幅に低下したため，不確実性を極力削減し，意図せざる運用成果を回避する傾向が強まった。また，この時期に顕著になった動きとしては，運用報酬に対する削減圧力が高まったことが指摘できよう。従来のアクティブ運用への批判が高まり，パッシブ運用化の流れが加速したわけである。この流れに拍車をかけたのは，ETF（上場投資信託）の台頭である。その結果，グローバルに活躍する大手ETFプロバイダーの運用資産残高が拡大し，特徴の薄いアクティブファンドが淘汰されていくようになる。

　さらに，年金基金等のアセットオーナーは，リスク許容度の低下から，限られたリスクで絶対収益（どのような市場環境でもプラスのリターンを獲得する）タイプのヘッジファンドに注目するようになったのもこの時期である。この種の運用は，伝統的な株式や債券の運用を「主」とすると，「従」に相当する代替的な運用であることから，オルタナティブアセット投資という言葉が，金融ビジネスで広く使われるようになった。それまでヘッジファンドには，特に，欧米において限られた富裕層から資金が流入していたものの，より多くの最終投資家にも門戸が拡がったのである（**第一次オルタナティブアセット投資ブーム**）。

　これまで伝統的資産のみを投資対象として考えてきた機関投資家が，オルタ

ナティブアセット投資へ踏み出した点で，このブームは大きな意味をもっていたといえよう。その他のオルタナティブアセットに対する投資についても，心理的な抵抗感が低下するきっかけになったからである。この新しい投資対象領域への舵きりは，オルタナティブアセットの多様化を加速させた。年金や保険会社といった投資家が，ヘッジファンドへの投資を積極化させても，その規模（1〜2兆ドル）には限界があるため，オルタナティブアセット投資の多様化は必然的なものであったともいえるだろう。

しかし，グローバルマクロ（Global Macro），ロング・ショート（Long and Short），イベント・ドリブン（Event Driven）といった特徴あるヘッジファンドに注目が集まり資金が流入するのと対照的に，その運用成果は低下していく。ヘッジファンドは，単体もしくはファンド・オブ・ファンド（Fund of Funds）形態を通して，世界中の投資家からの大量資金が短期間で投入されたため，十分な超過収益機会が得られず，アルファ・リターンは希薄化してしまったのである。

つまり，ヘッジファンドの実際の投資成果は，期待されるリターン水準を下回るようになってきた。ヘッジファンド指数は，米10年国債の年間平均利回り（月末平均）を下回る投資成果の年もあり低迷した。そこで，一部のヘッジファンドでは，借入れによるレバレッジを拡大させ，過大なリスクテイクを行うことでリターンの積上げを目指すようになったが，2008年のグローバル金融危機では，裏目に出て大幅な悪化を記録してしまった。金融市場が不安定になる中で，ヘッジファンドの良好な投資成果に対する神話が崩壊し，一時的にその限界が意識されるようになったのである。

グローバル金融危機の際には，デレバレッジの嵐が流動性および信用度の低い市場で吹き荒れ，ハイ・レバレッジ資金が流入しすぎた巻戻し（反動）として，世界中に伝播し金融市場を襲ったのは記憶に新しいところであろう。つまり，この期間は「パッシブ化」と「絶対収益化」が進んだ時代だったものの，リスクを過大にとった代償から，後者は路線修正を求められるようになった時代といえる。

3　オルタナティブアセット投資の多様化と伝統的資産投資の二極化

　第三期は，レバレッジ拡大の反省から，オルタナティブアセット投資のリスク管理の徹底化が叫ばれ，質的向上を図ることが模索された局面である。特に，危機からの回復を意図して，世界的に金融緩和が続けられたため，流動性の低い投資対象にも容易に資金を投入しやすい環境となった。具体的には，低流動性資産の代表として，不動産，インフラストラクチャー，プライベートエクイティ，プライベートデット，バンク・ローン，CATボンドといったオルタナティブアセットへの分散投資が注目されたことが挙げられる。第一次オルタナティブアセット投資ブームが，レバレッジを高めつつ量的拡大を進めたブームであったのに対して，第三期の**第二次オルタナティブアセット投資ブーム**は，多様なオルタナティブアセットへの分散投資による質的向上（リスク調整後リターンの安定化）を目指しているといってもよいだろう。

　2010年代には，伝統的資産の領域では，運用報酬引下げ競争が激化し，引続きパッシブ化の波は続く中で，それまでアルファ・リターンであると考えられていた部分のほとんどが特定のファクター特性（「はじめに」ii頁参照）によるものであることが一般に理解されるようになる。ファクター・リターンを抽出して再現することは，金融技術的に可能であることから，従来はアクティブ運用の領域に区分されていた運用スタイルも，容易にETFなどにより提供されるようになったわけである。そのため，ますますアクティブ運用に期待される部分は減少し，残されたアルファ・リターンは希薄化してしまったといえよう。

　そこで，アセットマネジメント会社は，オルタナティブデータ・AIの活用による，短期的な収益チャンスを求める動きと，非財務情報（ESG情報等）の分析を通した将来財務情報分析による長期的な収益チャンスを求める動きという二極化を加速させた。前者は，多くの資金が流入していることから，排他的で有用なオルタナティブデータを獲得できるか，大量の原データの解析手法の高度化のための情報基盤・人材への投資ができるのかという競争に突入しており，勝者が勝者であり続けるための熾烈な争奪戦を呈している。後者は，投資先企業と投資家のエンゲージメント強化のステージに突入し始めているものの，その結果の行方については，次の時代に持ち越されているといってよいだ

ろう（詳細は後述）。

　つまり，現在に至る第三期は，「**オルタナティブアセット投資の多様化**」と「**伝統的資産投資の二極化**」が進んだ時代といえる。現在はこの第三期に相当するが，特に日本銀行によるマイナス金利とイールドカーブ・コントロール（YCC：Yield Curve Control）による低金利の常態化は，アセットマネジメントに大きなパラダイムシフトを迫っているわけである。

4　ヘレニズム化するアセットマネジメント

　それでは，第四期に相当する将来は，どのような時代が待っているのだろうか。詳しくは後述するが，その基本的な考え方のみ簡単に記しておきたい。

　少なくとも第四期は，社会的変化（高齢化・安定化，データ・ドリブン化，サービス化）と金融環境（低金利の長期化，アルファ追求競争の激化）に依存した時代にならざるを得ないであろう。オルタナティブアセットと伝統的資産の融合により，代替的投資とされてきたオルタナティブアセットが主流に転じる可能性も考慮する余地もある。

　また，両資産の融合だけでなく，データプロバイダーやIT企業とアセットマネジメントの協業によるAIインテグレーションの進展や，アセットオーナーの問題解決パートナーとしてアセットマネジメントが統合していく道も考えられる。さらに極端な事例を考えるならば，投資先企業とアセットマネジメント会社の対話の深化により，公開企業がプライベート化または（スピンアウト・事業承継による事業ポートフォリオの再編）する動きが加速していく可能性も選択肢の1つとして頭の片隅に置いておく必要があるかもしれない。つまりパートナーシップの強化が求められる時代が到来しているのである。第四期の特徴は，利害関係者間の垣根を超えたインテグレーションやアライメントが強化される一種の「**ヘレニズム化**」[1]であり，アセットマネジメントでは競争条件が大きく変化するのではないか。

（執筆担当：平山賢一）

1　紀元前にギリシア文化がオリエント文化と融合して新たな文化が誕生した史実から2つの主体や組織文化が融合していくことを表現した。

第2節	2つのM化と低流動化

　次に，第三期に相当する現在の位置づけを詳しく確認するために，ポートフォリオのリスクとリターンという2つの軸に則り，低流動性投資が注目される背景を整理しておきたい。第1章第4節では，マクロ経済環境の経緯から現在の位置づけを確認したが，以下では，より詳細に，アセットマネジメントというミクロの視点から，**図表2－1**を用いて説明することにする。

1　サーチ・フォー・イールド下での「2つのM化」

　第一に，従来プラス域に存在していた国債利回りが水面下に沈む中で，資産運用の前提が覆りつつある点は重要である。政策金利がゼロ金利水準に抑えられているゼロ金利時代は，無リスク資産のリターンがゼロになるという，ゼロリスク・ゼロリターンという関係が続いた時代であったものの，2016年1月に

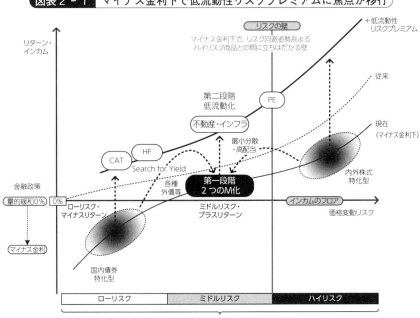

図表2－1　マイナス金利下で低流動性リスクプレミアムに焦点が移行

は，日本銀行がマイナス金利政策を導入したことから，**ゼロリスク・マイナスリターン**という経済環境に突入したのである。

　その後は，長期金利の誘導水準も操作するイールドカーブ・コントロールが実施され，ローリスク資産の代表である国債への投資で得られる利回りは，超長期国債を除くとマイナス圏に至ることが明確化されたため，伝統的資産をどのように組み合わせてもローリスク・プラスリターンを確保することが困難になっている。この現象は，**ローリスク・マイナスリターン**化と表現してもよいだろう。

　図表2−1は，縦軸にリターンもしくはインカム（上にいくほど高い），横軸に価格変動リスク（右にいくほど高い）をとり，伝統的資産やオルタナティブアセット，およびその組み合わせをプロットしたときに描けるリスク＝リターン・カーブのコンセプトを表現したものである。

　従来のゼロ金利政策下におけるリスク＝リターン・カーブは，中段に位置しており（図表の点線），現在は，マイナス金利等の影響で下段に移動したと考えてよいだろう（図表の実線）。そのため，国内債券に特化した運用商品では，プラスのインカムを獲得することは難しく，さらなるイールドカーブの低下などが期待できなければ，（トータル）リターンもプラスになる確率は低下している。もちろん，イールドカーブの傾斜によっては，ロールダウン効果により，リターンの底上げは可能かもしれないが，相対的にプラスリターンが期待できうる各種外債等（よりスプレッド幅が高い低クレジット債券含む）のミドルリスク圏の金融商品への資金シフトが進んできた。投資家は，**インカムのフロア**を意識した投資意思決定（プラス指向）を実施しているといえよう。

　第1章で検討した投資機会の減少と資産運用額の増加という構造に変化がない限り，ローリスク・マイナスリターン化現象が持続するため，プラスリターン確保のためには，投資家はミドルリスクを許容しなければならないという局面に至っているわけである。ローリスク資産の垣根を取り払い，何らかのリスクを負うことで，マイナス金利に対応した（リスク）ミドル化戦略は，多くのわが国の投資家のトレンドとして確認されるとともに，アセットマネジメント会社も外債投資プロダクトの拡充を図ってきたのである。

　この動きに加えて投資家は，ハイリスク圏に位置する内外株式等への投資で負担しなければいけない価格変動リスクに耐えられなくなり，ミドルリスク圏

へ資金をシフトし始めている。従来，ハイリスク資産は，仮に損失を被っても
ローリスク資産から得られるインカムをリスクバッファーとして活用できるた
め，ローリスク資産と組み合わせて保有されてきた。しかし，低リスク資産で
得られたインカムがマイナス圏に沈み込んでいるため，リスクバッファーが機
能せず，ハイリスク資産そのものをミドルリスク資産へ入れ替える動きが強化
されてきたのである。

　例えば，株式への投資を行う資金では，最小分散運用（個別銘柄の投資比率
を調整することでリスクを抑制し指数並みのリターンを目指す運用）や高配当
株運用へと運用スタイルを切り替えるなどして，リスク水準そのものを抑制す
る事例などを挙げることができよう。ローリスク資産のインカムの消失は，ハ
イリスク資産投資のモティベーションを低下させ，一種の**リスクの壁**（一定水
準のリスクを上回る資産への投資を抑止する閾値）を形成し，マイナス金利下
での投資家のリスク回避姿勢を高めているのである。

　以上のように，ローリスク資産およびハイリスク資産からミドルリスク資産
への資金シフト（ミドル化）は，いわば**2つのM化**と呼べよう。グローバル
に金利水準が低下するサーチ・フォー・イールド第一幕では，金利水準に上下
のばらつきはあるものの，おおむねローリスク資産のリスク選好と，ハイリス
ク資産のリスク回避が同時に発生していたわけである。この動きは，ミドルリ
スク資産への資金集中をもたらし，ミドルリスク資産のスプレッド等を抑制し，
期待リターンの下方シフトを加速させることになる。つまり，リスク＝リター
ン・カーブのミドル圏でのフラットニング（ミドルリスク資産のインカムの消
失化）が進むため，相対的な魅力度が低下し，全体的な期待リターンの下方シ
フトを促したわけである。

2　サーチ・フォー・イールド第二幕での「低流動化」

　サーチ・フォー・イールドも第二幕に突入すると，伝統的資産におけるスプ
レッド（社債等の対国債超過利回り）への投資を単純に積み上げる戦略から，
流動性リスクの見返りに得られる利回りを選択する低流動性資産戦略が魅力あ
る選択肢の1つに数えられるようになった。リスクの次元転換の動きと表現す
ることもできよう。価格変動リスクという次元で計測できない，換金可能性と

いう犠牲（流動性リスク）を払うことで得られるリスクプレミアムを，長期的に獲得していくことが投資家に浸透しているのである。

　低リスク圏では，それほど流動性の犠牲を強いられることのないCAT債（カタストロフィー・ボンド）に代表される保険リンク商品やバンク・ローン，そしてヘッジファンド等を挙げることができよう。一方，ミドルリスク圏では，不動産やインフラ投資，もしくはプライベートデット（PD）などが，そしてハイリスク圏に近いところではプライベートエクイティ（PE）などが低流動性資産としてオルタナティブアセットの1つとして注目され，投資家の資金を集めるようになっている。

　その背景の1つとして考えられるのは，繰り返しになるが，度重なる危機の教訓から，世界の中央銀行は，混乱時にはスピーディに流動性供給する事例を積み上げてきており，その分，投資家の低流動性資産に対する拒否感が後退傾向にある点である。

　米連邦準備制度理事会（FRB）は，2014年以降，いわゆる量的緩和策により買い入れてきた資産買入額を徐々に減らしていくテーパリング（tapering）を開始し，2018年以降，実際にFRBのバランスシートは減少に転じた。この政策は，グローバル金融危機からの回復をサポートするために，金融市場に供給した流動性を圧縮する動きと考えてもよいだろう。

　興味深い点は，このような中央銀行による過剰流動性の逆流が発生しているにもかかわらず，低流動性資産投資に対する投資家の選好は引き続き維持された点にある。このことから察するに，投資家による低流動性資産への注目は，循環的な要素よりも構造的な変化といえるのではないか。また，2020年に経験した社会的危機は，流動性に不安が発生する局面では，迅速に世界の中央銀行が流動性を供給するという安心感を投資家に印象づけている。そのため，2014年以降想定された低流動性資産である不動産，インフラ，PE，PD等のオルタナティブアセットからの資金流出懸念は杞憂に終わったといえ，今後の資金変動にとっても目が離せない位置づけにあるといえる。

　さらに，債務が積み上がる公的部門や一部の企業部門などでは，過剰な信用供与が実施されており，信用リスクが高いとみなされていることも忘れてはいけない。投資家にとっては，同じスプレッドを獲得するのであれば，価格変動

リスクの1つである信用リスクではなく流動性リスクへと次元を転換していくことで，信用リスク・エクスポージャーを過大に負担することを回避する傾向が強化されているからである。例えば，不動産やインフラへの投資は，流動性は低いものの，使用価値のある実物資産に裏づけされている点で，無担保債務よりも元本毀損リスクが抑制される点で評価されることも考慮すべきであろう。

　このようにサーチ・フォー・イールドの進行が，2つのステップを踏んで進行する中で，投資家は，リスク＝リターン・カーブの低下を乗り越えるために，現在はリスクの次元転換を図り，同カーブの上方シフト（**図表2－1の太線**）によるリターンの確保に注力している。低流動性資産を中心とするオルタナティブアセットは，従来は，名称が示唆するとおり伝統的資産の代替的な位置づけ，もしくは脇役であったものの，近年では，その位置づけから格上げされて主役に位置づけられるようになってきているわけである。

　以上のように低流動性資産へのシフトが大きなうねりとなって，現在のアセットマネジメントの変化を促しているが，この流動性を犠牲にすることで，果たして本当にリスクプレミアムを得ることはできるのだろうか。

　直観的には，投資家の保有資産の流動性に対して，その利便性を放棄する見返りに，高流動性資産よりも高いリターン（リスクプレミアム）が得られるはずであると考えることは可能であろう。一方，この換金可能性といった概念を計量的に検証しているかというと，甚だ心許ないのが現状であるといえよう。

　そこで，原点に立ち返り，計量的に検証してみたい。次節では，低流動性資産の追加リターンの検証を行うことで，実際に低流動化の流れが実証的にも有効であることを確認しておこう。専門的な分析ではあるが，低流動性資産への投資で得られる追加リターンの一端が確認されれば，各種の低流動性資産への投資の計量的な意義づけが明確になり，資産運用におけるアカウンタビリティ確保に貢献するものと考えている。

（執筆担当：平山賢一）

第3節　低流動性資産の追加リターン

　前節でも確認したように，世界的に中央銀行の金融政策が緩和的である現況

下，長期金利の低下により，投資家は，従来のように長期国債に投資するだけでは，要求されるリターンの達成が困難になっている。そのような状況の中で，一部の投資家は，投資対象を低流動性資産にも広げている。

　低流動性資産に投資する際に注意しないといけないことの1つが，流動性リスクである。これは投資家が任意のタイミングで投資商品を売却できない，もしくはNAV（純資産価値）に対して大幅にディスカウントされた価格でないと売却できないというリスクである。流動性リスクは，上場株式への投資の際に考えられる景気変動リスクとは異なる性質のもので，Hill（2009）は，流動性リスクとは，投資期間や市場参加者の現金の必要性の不確かさ等に起因するものだと論じている。

　このように，低流動性資産への投資には，上場株式といった流動性がある資産への投資に対して追加のリスクが想定される反面，流動性リスクをとることにより，投資家が追加のリターンを獲得できるのではないかという期待がある（これを「**流動性プレミアム**」と呼ぶ）。果たして「流動性プレミアム」は本当に存在するのか，また存在するとするならば，どの程度の追加リターンが見込めるかということが気になるが，このプレミアムを低流動性資産と流動性がある資産のリターンとを比較して算出することは難しい。なぜなら，低流動性資産の価格算出に用いられるNAVの変化は，上場資産の時価のようにダイナミックに変動せずに時間をかけて変化するため，低流動性資産のリターンは流動性がある資産のリターンに遅行するからである。

　したがって，両者の測定期間を合わせてリターンを比較したとしても，リターン格差が「流動性プレミアム」によるものか，NAVへの反映の遅れによるものか区別することは難しい。実際に，Anson（2010）は，低流動性資産は上場株式に比べてNAVへの反映が遅れる結果，リターンの自己相関[2]が大きいことを示している。

　そこで本節では，「流動性プレミアム」の存在，またその水準の測定手法について考えていきたい。第一に，先行研究をいくつか取り上げるが，様々なアプローチから「流動性プレミアム」の存在が確認できることがわかるだろう。

2　時系列データにおける，過去のデータと現在のデータとの相関。

第二に，先行研究とは別のアプローチでも「流動性プレミアム」が確認できることを実証し，その水準を推定する。最後に流動性リスクにも言及し，低流動性資産への投資についてまとめる。なお，流動性リスク（コスト）の定量評価はやや難解であり，本文での詳細は割愛するが，必要に応じて第3節の **Appendix** を参照されたい。

1　「流動性プレミアム」に関する先行研究

「流動性プレミアム」についての先行研究を，以下に紹介していく。

Aragon（2007）は，ヘッジファンドを対象に月次データを用いて回帰分析を行い，ロックアップ制約[3]があるファンドは，制約のないファンドに対して年率4％程度の追加リターンを獲得していたことを示した。またファクターリスクやロックアップ，ノーティス期間[4]といった制約で調整すると，ヘッジファンドのアルファ（超過収益）は，ほぼ消えてしまうことが示され，流動性の制約がヘッジファンドのパフォーマンス検証において重要な変数であると論じている。

Anson（2017）は，メザニン債[5]に投資するBDC（Business Development Company）のリターンを，米国の国債利回りとクレジット・スプレッド，「流動性プレミアム」に分解することで「流動性プレミアム」を算出している。BDCとは，クローズド・エンド型投資信託の仕組みをとった金融商品である。まずメザニン債に投資するBDCのバスケットを作成し，バスケットのデュレーション（投資期間）と利回りを算出する。次に似たようなデュレーションになる米国の国債利回りと，投資先のメザニン債のリスクに応じたクレジット・スプレッドを算出し，両者をBDCのバスケットの利回りから差し引くことで，「流動性プレミアム」が計測できるとしている。結果として，長期的には，年率3.7％程度の「流動性プレミアム」が期待できると論じている。

Hibbert *et al.*（2009）は，流動性は異なるものの同じようなキャッシュフ

3　ファンドを購入後，一定期間解約できない制約。
4　ファンドの解約通知後，一定期間経過しないと解約できない制約。
5　証券化商品などで債券をリスクに応じて3つに分類した際に，中間的なリスク度合いになる債券。

ローを提供することが期待される金融商品の利回り格差が,「流動性プレミアム」だと主張している。条件を満たす金融商品のペアとしてカバードボンド[6]と金利スワップ[7]を挙げ,両者の利回り格差を比較したのである。ただしカバードボンドは,信用力が高い債権を担保に大手行が発行している(信用格付が高い)ものに限定している。これによりカバードボンドとリスクフリーレートの利回り格差は,流動性の有無が要因と考えることができる。この手法によって,Hibbert *et al.*(2009)は,年率 0 %から1.5%の「流動性プレミアム」が期待できると論じている。Hibbert *et al.*(2009)の考え方では,「流動性プレミアム」の水準は,市場動向に応じて変化することになる。

 プレミアムだけでなく,低流動性資産に投資する際のコストについての分析もある。Ang and Bollen(2010)は,ヘッジファンドに投資する際のロックアップやノーティス期間といった制約を,コストとして数値化するモデルを提案した。モデルでは,投資家が流動性のある資産に投資すること(任意のタイミングでファンドを解約できること)をオプションと考え,ファンドの NAVが二項モデル[8]に基づき推移すると仮定して,オプションの有無による現在価値に割り引いたときのファンドの価値の差を,低流動性資産に投資する際のコストだと考えている。典型的なパラメータを設定すると, 2 年間のロックアップ制約と 3 カ月のノーティス期間制約が与えられた場合,ヘッジファンドに投資する追加コストは,投資期間を通じて 1 %程度であると論じている。

 Derman(2007)は,ヘッジファンドへの投資において,ロックアップ制約があることによる追加リターンを,制約のためにパフォーマンスの悪いファンドから良いファンドに乗り換えることができない機会損失と考えて,マルコフ連鎖モデル[9]を適用して計測している。ファンドのパフォーマンスの継続性をパラメータとして「流動性プレミアム」を算出しているため,推定される値はファンドの戦略により異なるが,例えば転換社債の戦略においては,ロック

---

6 金融機関が保有する信用力の高い貸付債権を担保として発行される債券。
7 変動金利と交換される固定金利のレート。
8 主にオプションの評価に用いられ,上昇か下落かの 2 つのパターンの繰り返しにより,将来の資産価格の推移を予測するモデル。
9 状態遷移を考える際に,一時点前の状態だけが考慮される離散的な時系列モデル。

アップが３年の場合，ロックアップ１年に比べて年率0.8％程度の「流動性プレミアム」が見込めると論じている。ただし，文献中ではプレミアムと言及されているものの，Ang and Bollen（2010）の分析と同様にコストに相当するのではないかと思われる。

　以上の先行研究から，水準こそ研究によりばらつきがあるものの，「流動性プレミアム」の存在は期待できることがわかる。しかし，検証データが古いことや海外資産を対象としている難点があるため，日本市場について，より新しいデータを用いた「流動性プレミアム」の存在を確認するため，以下に示す検証を行いたい。

2　「流動性プレミアム」の算出

　先行研究で示したように，「流動性プレミアム」の測定方法はいくつかの手法で提案されているが，ここで挙げられなかったアプローチとして，流動性のない資産は資金フローの影響を受けにくいという考え方がある。つまり「流動性プレミアム」とは，ファンドマネジャーが，設定や解約といった日々の資金フローの影響を受けずにファンドを運用できることにより得られる，追加のリターンではないかという考え方である。

　予測不能な資金フローの影響を受けないことにより，ファンドマネジャーは，超過収益の源泉になりうる出来高が限られた資産に投資を行うことや，また相場環境に合わせて，よりダイナミックにリスクをコントロールすることができるようになる。仮に日々の資金フローの影響が大きければ，ファンドマネジャーは，不測の解約対応によるポジションの解消を懸念し，自身の相場観に基づくポジションを十分に運用に反映できないことが想定される。

　実際，Rakowski（2010）は，米国のミューチュアルファンドを対象にして回帰分析を行い，日次の資金フローの変動の大きさとファンドのリターンは，負の関係にあることを示している。そこで，この関係が日本の資産においても当てはまるかを検証し，推定された回帰係数を用いることで「流動性プレミアム」の算出を試みることにする。

　分析対象は，2010年１月から2019年12月までの日本株を投資対象とする公募投資信託と，2014年１月から2019年12月までのJ-REITを投資対象とする公募

投資信託とし，データは，Quick 社の投信分析データベースより取得する[10]。
2種類のデータを用いるのは，ヘッジファンドやプライベートエクイティ等の
事業会社に投資した際の資金フローとリターンの関係については，株式ファン
ドを対象としたデータを，実物不動産に投資した際の同関係については，
REIT ファンドを対象としたデータを採用することが適切と考えたからである。
本来なら2つのデータの分析対象期間をそろえるべきだが，2010年から2013年
は J-REIT の公募投資信託の種類が限られていることを鑑み，異なる対象期間
としている。

　資金フローの計算方法であるが，n 日のファンドの分配金等を調整した純資
産を B_n，$n+1$ 日のファンドの同純資産を B_{n+1}，$n+1$ 日のファンドのリターン
を R_{n+1} とすると，n 日の資金フロー Δ_n は以下のように算出できる。

$$\Delta_n = \frac{B_{n+1}}{R_{n+1}} - B_n \tag{1}$$

　被説明変数は，運用費用を足し戻したファンドのアクティブリターン，説明
変数は日次の資金フローのボラティリティ，日次の資金フローの平均，ファン
ドの純資産として，月次データについて，以下に示す回帰モデルを考える。こ
れをモデル1とする。

$$r_i = \beta_0 + \beta_1 SD\_FLOW_i + \beta_2 MEAN\_FLOW_i + \beta_3 SIZE_i + \varepsilon_i \tag{2}$$

　r_i は，運用報酬を足し戻した公募投資信託 i の配当込み TOPIX（東証株価
指数），または東証 REIT 指数に対するアクティブリターンとする。SD_FLOW_i は，公募投資信託 i の資金フローの対数をとった値の「過去30営業日
の標準偏差」とする。ただし，この数値は，絶対値の平均で除すことで資金フ
ローの水準について調整をしている。日々の資金フローの影響を受けにくいこ
とは，SD_FLOW_i の値が小さいということで確認できる。$MEAN\_FLOW_i$ は，
公募投資信託 i の資金フローの対数をとった値の，過去30営業日の平均とし，

10　データ取得時の2020年3月26日時点で純資産が10億円以上のファンドに限定し，かつ，
　パッシブおよびテーマ型のファンドを除く。なお，Quick 社は，データに過誤があっても
　責任を負わない。

$SIZE_i$ は，公募投資信託 i の純資産の対数をとった値である。

　モデル1に加えて，ファンドマネジャーのスキルやファンドの特性の代理変数として，モメンタムを追加したモデルを以下のように考える。これをモデル2とする。

$$r_i = \beta_0 + \beta_1 SD\_FLOW_i + \beta_2 MEAN\_FLOW_i + \beta_3 SIZE_i + \beta_4 MOM_i + \varepsilon_i \quad (3)$$

　MOM_i は，先月末までの過去1年間のファンドのアクティブリターンとする。

　どちらのモデルも説明変数は，±3を上下限として標準化した。ただし時点による特徴を反映するため，同一時点で標準化を行うのではなく（クロスセクションではない），全期間を通して標準化を行った。

　回帰結果を示す前に，日本株ファンドについて，アクティブリターンと資金フローのボラティリティ変数 SD_FLOW_i の関係を**図表2－2**に示しておこう。横軸が資金フローのボラティリティになるが，ボラティリティが小さい方が，ファンドのアクティブリターンは大きくなる傾向があるようにみえる。この傾向は，本検証で期待されていることと一致している。

　また，資金フローのボラティリティの分布に注目すると，標準化後に正の値は，0から3の範囲に広く分布しているのに対し，負の値は狭い範囲に集中し，

図表2－2　アクティブリターンと資金フローのボラティリティの分布図

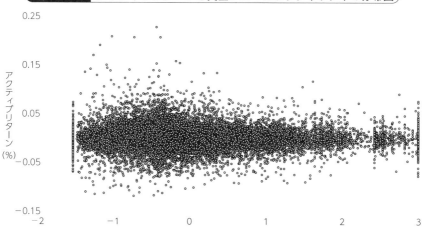

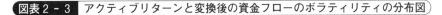

図表 2 - 3　アクティブリターンと変換後の資金フローのボラティリティの分布図

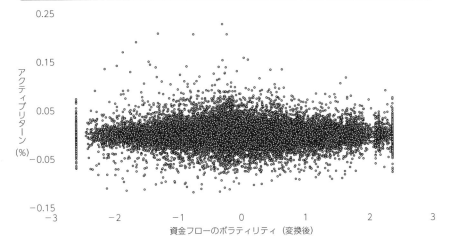

明らかに左右非対称になっている。そこで，回帰分析の説明力を改善させるため，box-cox 変換[11]を行い資金フローのボラティリティ変数の分布を正規分布に近づけた後，回帰分析を行うことにする。変換後のアクティブリターンと資金フローのボラティリティ変数 SD_FLOW_i の関係は，**図表 2 - 3** に示している。また，J-REIT ファンドについても同じ傾向がみられたため，同様の処理を行っている。

　日本株ファンドについて，モデル 1 とモデル 2 における回帰分析の結果を**図表 2 - 4**に示す。まずモデル 1 については，SD_FLOW_i の係数は負，$MEAN\_FLOW_i$ の係数は正，$SIZE_i$ の係数は負であり，いずれの回帰係数も統計的に優位な水準で 0 でないことがわかる。つまり資金フローのボラティリティが小さいほど，資金流入が大きいほど，純資産が小さいほど，ファンドのパフォーマンスは良好であることが示唆される。

　次にモデル 2 については，係数の符号についてはモデル 1 と一致することに

11　変数 x に対して以下の変換を行う。ただし $x>0$ とする。

$$x^\lambda = \begin{cases} \dfrac{x^\lambda - 1}{\lambda} & (\lambda \neq 0) \\[2mm] \log(x) & (\lambda = 0) \end{cases}$$

図表2－4　回帰分析結果（日本株ファンド）

説明変数	モデル1		モデル2	
切片	0.002339***	(19.01)	0.002354***	(19.15)
SD_FLOW（資金フローのボラティリティ）	−0.000877***	(−5.57)	−0.000779***	(−4.92)
MEAN_FLOW（資金流入の平均）	0.000794***	(5.62)	0.000656***	(4.59)
SIZE（純資産）	−0.000549***	(−3.51)	−0.000508**	(−3.25)
MOM（モメンタム）			0.000855***	(6.27)

(注)　回帰式(2), (3)の回帰結果（回帰係数）。カッコ内の数値は t 値であり，***，**は各々0.1％，1％有意であることを示す。

図表2－5　回帰分析結果（J-REIT ファンド）

説明変数	モデル1		モデル2	
切片	0.000436***	(5.44)	0.000432***	(5.40)
SD_FLOW（資金フローのボラティリティ）	−0.000175	(−1.79)	−0.000186	(−1.91)
MEAN_FLOW（資金流入の平均）	0.000167*	(2.12)	0.000125	(1.58)
SIZE（純資産）	−0.000343**	(−3.27)	−0.000315**	(−3.00)
MOM（モメンタム）			0.000296***	(3.61)

(注)　回帰式(2), (3)の回帰結果（回帰係数）。カッコ内の数値は t 値であり，***，**，*は各々0.1％，1％，5％有意であることを示す。

加えて，MOM_i の係数は正であり，いずれも統計的に優位な水準で 0 でないことがわかる。つまり過去リターンが優れているほど，ファンドのパフォーマンスは良好であることが示唆される。

　ここで重要なことは，いずれのモデルにおいても SD_FLOW_i の符号について統計的に有意に負であることが示され，また回帰係数の値の水準に大きな差はみられないことである。また，いずれのモデルにおいても切片が有意に正の値となるが，これはファンドをスクリーニングした際に生存バイアスが発生したものと思われる。

　J-REIT ファンドについて，モデル1とモデル2における回帰分析の結果は，**図表2－5**に示している。資金フローのボラティリティが小さいほど，資金流入が大きいほど，純資産が小さいほど，過去リターンが優れているほど，ファンドのパフォーマンスは良好であり，これは日本株ファンドと同じ傾向である。

　しかし，いずれのモデルにおいても SD_FLOW_i の符号について統計的に有意に負であることは示されなかった。J-REIT ファンドは日本株ファンドに比べてファンド数が少ないことや歴史が浅いためデータ数が少なく，J-REIT の

もつ利回り資産という特性上，資金フローの変動による負の影響が軽減される
可能性も考えられる。J-REITファンドの回帰分析の係数については，今後
データを追加しアップデートしていくことで，より正確な値が計測できるもの
と考える。

　上記で算出した回帰係数を利用して，「流動性プレミアム」の値を推定する。
日本株ファンドを対象にした場合，SD_FLOW_iの係数β_1は，モデル1におい
て-8.77×10^{-4}，モデル2において-7.79×10^{-4}と算出された。低流動性資産
では日々の資金フローの影響がないので，資金フローのボラティリティ（変換
前の生データ）は0となるが，今回のモデルでは，低流動性資産と流動性があ
る資産における正確なSD_FLOW_iのスプレッドを計算することは難しい。

　そこで図表2－3を参考に，今回のモデルにおいて，低流動性資産と流動性
がある資産の資金フローのボラティリティ（標準化してbox-cox変換を行っ
たもの）のスプレッドは2であると仮定する。このスプレッドと係数β_1の積が，
「流動性プレミアム」となる。算出したβ_1は月次リターンに対する係数なので，
年率化すると「流動性プレミアム」は，モデル1において2.1％，モデル2に
おいて1.9％と算出される。したがって，ヘッジファンドやプライベートエク
イティに投資することで，流動性がない結果，年率2％程度の追加のリターン
が期待できると推定される。

　J-REITファンドを対象にした場合，SD_FLOW_iの係数β_1は，モデル1に
おいて-1.75×10^{-4}，モデル2において-1.86×10^{-4}と算出された。同様に計
算すると，「流動性プレミアム」は年率0.4％程度と算出される。したがって，
実物不動産に投資することで，流動性がない結果，年率0.4％程度の追加のリ
ターンが期待できると推定される。

　以上のとおり，低流動性資産の運用では日々の資金フローの影響を受けない
という点に着目し，足元までの日本市場についても「流動性プレミアム」の存
在を確認することができた。数値の水準としては，先行研究で示された数値と
比較して違和感のない水準といえよう。

3　魅力的な流動性プレミアム

　上記検証では，日本株を対象とした公募投資信託を対象として，資金フロー

とパフォーマンスの関係を調べることで，資金フローのボラティリティとファンドのパフォーマンスは負の関係にあることを示し，「流動性プレミアム」の源泉は，日々の資金フローの影響を受けずにファンドの運用ができることを示唆した。その結果，「流動性プレミアム」としてヘッジファンドやプライベートエクイティでは，年率2％程度が期待できると推定した。世界的に長期金利が低位な水準にある現在の投資環境において，年率2％の追加リターンというのは，投資家にとって十分に魅力的な水準であろう。

　ただし，「流動性プレミアム」は流動性リスクを負う結果得られるものであり，低流動性資産に投資する際に，両者を比較することが必要になろう。低流動性資産に投資する場合，投資家は一度購入したら任意のタイミングでファンドを解約することができないため，流動性リスクを「解約できなかったために投資家が負担するコスト」と考えることが可能である（以後，流動性コストと呼ぶ）。

　Ang and Bollen（2010）のモデルを一部変更し[12]，流動性コストを算出したところ，コストは0.81％と算出された。このコストは年率でかかるものではなく，投資期間を通してかかるものである。したがって，コストを考慮した後でも，「流動性プレミアム」には，魅力的な期待追加リターンが残されているといえよう。しかし，問題点として，今回用いた流動性コストの推定モデルでは，パラメータの値の決定が難しいという点がある。特に，投資家の特性に関するパラメータの決定は難しいため，パラメータの値に幅を持たせたところ，流動性コストは0.72％から1.20％の値をとることが算出された。コストがこの値の範囲であれば，「流動性プレミアム」は，依然として魅力的な水準だといえよう。

　このように低流動性資産に投資することで，流動性リスクを考慮しても，投資家は十分に魅力的な追加リターンを期待できることがわかる。低水準の長期金利が今後も続くことが想定されうる現況下において，伝統的資産との値動きの相関の低さや価格変動の小ささという点に加えて，「流動性プレミアム」の獲得という観点からも，低流動性資産への投資にはますます期待が高まるだろう。

12　**Appendix** 参照。

$\text{A}_{\text{ppendix}}$ 流動性コストの算出

　先行研究で紹介した Ang and Bollen（2010）のモデルを一部変更して，流動性コストのモデルを紹介する。先行研究ではヘッジファンドを対象としていたため，ファンドが早期償還し，保有資産がディスカウント価格で処分されることをリスクとしてモデル化されていた。しかし，実物不動産など他の低流動性資産では早期償還をヘッジファンドほど意識する必要がない場合もあるため，ファンドの早期償還ではなく，投資家が償還前にディスカウントでファンドを解約することをリスクとしてモデル化する。

図表 2 - 6　二項モデルによる NAV の推移

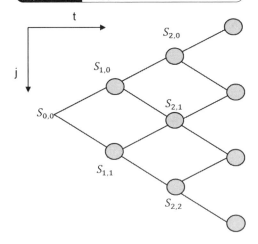

　図表 2 - 6 のように $S_{t,j}$ をファンドの NAV として，（0, 0）の時点から二項モデルに従い，償還時点まで推移することを考える。ここで t は時間の推移を表し，j は NAV が上昇したか下落したかの状態を表す。期待リターンを μ，予想ボラティリティを σ，単位時間を Δt，$u = e^{\sigma\sqrt{\Delta t}}$，$p$ を NAV が上昇するリスク中立確率とすると，以下の式に従い NAV の推移は計算できる。

$$S_{t+1,j} = S_{t,j} \times u \tag{4}$$

$$S_{t+1,j+1} = S_{t,j} \times u^{-1} \tag{5}$$

$$p = \frac{e^{u\Delta t} - u^{-1}}{u - u^{-1}} \tag{6}$$

次に投資家が償還前にファンドを解約する確率 $\pi_{t,j}$ を考える。償還前に解約するケースとして，投資期間によるものとファンドのパフォーマンスによるものを考える。前者は予期せぬ資金需要に対応するもの，後者は投資規定によるロスカットなどを想定する。**図表2 - 6** の各時点において，前者により解約する確率を π_a，後者により解約する確率を π_b とする。Ang and Bollen（2010）のモデルに倣い，前者はロジスティック関数を用いてモデル化する。後者はシグモイド関数を用いてモデル化する。

$$\pi_a(t) = \frac{\lambda q(\lambda t)^{q-1}}{1 + (\lambda t)^q} \tag{7}$$

$$\pi_b(loss) = \frac{1}{1 + e^{-a(loss - LC)}} \tag{8}$$

$$\pi_{t,j} = \begin{cases} \pi_a & \text{評価益がある場合} \\ \pi_a + \pi_b & \text{評価損がある場合} \end{cases} \tag{9}$$

ここから，流動性の制約がないファンドの価値 $O_{t,j}$ の算出を考える。償還時点ではファンドの価値とNAVは一致するので，$t = T$ を償還時点として以下の式が成り立つ。

$$O_{T,j} = S_{T,j} \tag{10}$$

流動性の制約がないため，投資家は**図表2 - 6** の各ノードにおいてNAVでファンドを解約することができる。リスクフリーレートを r，途中解約ではNAVに対して l の割合でファンドを売却することになるとして，投資家がやむを得ず解約してしまう確率を考慮しつつ，リスク中立確率を利用して1時点遡ることを考えると，以下の式が成り立つ。

$$O_{t,j} = max\{S_{t,j}, \ e^{-r\Delta t} \ (\pi_{t,j} S_{t,j} l + (1 - \pi_{t,j}) (pO_{t+1,j} + (1-p) O_{t+1,j+1}))\} \tag{11}$$

この計算を繰り返すことで，投資開始時点のファンドの価値 $O_{0,0}$ を算出できる。

流動性の制約がある場合も同様に考えるが，ロックアップ制約がある場合，

制約期間外であれば(11)式で表せ，制約期間中はファンドの価値を $O_{t,j}^L$ として(11)式の代わりに以下のように表せる。

$$O_{t,j}^L = e^{-r\Delta t} \left(\pi_{t,j} S_{t,j} l + (1-\pi_{t,j})(p O_{t+1,j}^L + (1-p) O_{t+1,j+1}^L) \right) \tag{12}$$

ノーティス期間制約がある場合，(11)式においてノーティス期間中にやむを得ず解約してしまう確率を考慮したNAVを，$S_{t,j}$ の代わりに用いる。

最後に投資開始時点での，流動性制約がないファンドとあるファンドの価値の差を求め，その差が流動性コストとなる。代表的な投資家を想定し，運用期間120カ月，ロックアップ60カ月，ノーティス期間6カ月の条件下における流動性コストを算出すると0.81％と推定された。パラメータの値については**図表2-7**に示す。

流動性コストは，ファンドや投資家の特性を表すパラメータによって変わってくる。前者については，期待リターンが小さくなるほど，または，予想ボラティリティが大きくなるほど，そして，途中解約時の売却価格のNAVに対する割合が小さくなるほど，流動性コストは大きくなる。後者については，予期せぬ資金需要に対応するために解約する可能性が高いほど，または，ロスカットのルールが厳しいほど，流動性コストは大きくなる。またリスクフリーレートも影響を与え，リスクフリーレートが大きくなるほど，流動性コストは大きくなる。

ただし，このモデルの問題点として，モデルのパラメータ，特に，投資家の

図表2-7　モデルのパラメータ

パラメータ	
期待リターン（年率）	3％
予想ボラティリティ（年率）	6％
リスクフリーレート（年率）	0％
l（途中解約時の売却価格のNAVに対する割合）	80％
λ（半減期の逆数）	0.0022
q	1.65
LC（ロスカットの基準損失率）	15％
α（シグモイド関数の形状）	60

(注)　表における λ，q の値は，運用期間中に約10％の投資家が，ファンドのパフォーマンスによらずにファンドを途中解約することを想定した値である。

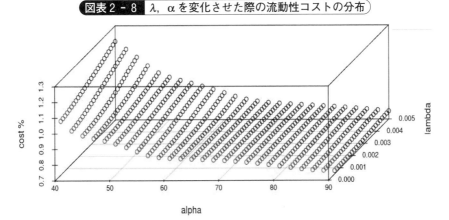

図表 2 - 8 　λ，α を変化させた際の流動性コストの分布

(注)　λ の値の範囲は，運用期間中に約１％から30％の投資家が，ファンドのパフォーマンスによら
　　　ずにファンドを途中解約することを想定した値の範囲である。

特性に関するパラメータを決めるのは難しいという点がある。推定が難しい λ，α について値に範囲を持たせ（λ が大きいほど，投資家がファンドのパフォーマンスによらず途中解約する可能性が高くなり，α が大きいほど，ロスカットモデルのシグモイド関数の変化が急になる），それ以外のパラメータ値は**図表2 - 7** の値を採用し，流動性コストの水準の変化を**図表2 - 8** に示す。その場合，流動性コストは0.72％から1.20％の範囲の値をとることが算出された。流動性コストの推定に関しては，パラメータの値に依存しない計測手法など，今後も分析を深める余地があるだろう。

（執筆担当：清水智也）

第4節　オルタナティブデータの台頭と付加価値の二極化

　第３節では，最近のデータに基づき，日本市場においても，低流動性資産の追加リターンが認められることを検証し，オルタナティブアセットの低流動性資産への投資の意義を確認した。第２節で記したように，低金利の常態化と株式等のリスク性資産が時として意図せざる乱高下を演じる外生要因は，投資家の注目を，伝統的資産からオルタナティブアセットへと向かわせている背景の

1つとなっているが，それだけではなく低流動性資産の追加リターンが得られるという内生要因も存在していることを明らかにしたわけである。

　一方，情報技術革新の進展により社会そのものの在り方が大きく転換している点も，資産運用を左右するようになっている。具体的には，社会構造の変化が，投資プロセスで求められるデータ領域の再定義を迫り始めているのである。投資評価の指標として活用されるデータが質的に変化し，伝統的なマクロ経済統計や企業の財務情報だけではなく，より広範な非構造化データであるオルタナティブデータを活用することで，より早く，より精緻に投資対象を分析するようになっている。

1　低下するカネの希少性，高まるデータの希少性

　それでは，この社会構造の変化とは一体いかなるものなのか。結論からいえば，長期にわたり「カネの希少性が低下し，データの希少性が高まる」変化ではないかと考えている。

　1971年のニクソンショック以降，米ドルでさえも金（ゴールド）という桎梏（しっこく）から解放され，非兌換紙幣として，理論的には無尽蔵に発行できるようになった。その後，GDP の成長率を上回る金融資産の増殖（**図表0−1参照**[13]）が発生し，実体経済を上回るペースで金融経済の規模は拡大しており，モノ対比でのカネの希少性は低下傾向で推移している。一方で，広く開放されているマクロ経済データや企業財務情報などの取得可能性はより高まっているものの，オルタナティブデータは偏在しており，後者のデータの希少性は高まっているといえよう。

　以下ではこの点につき，概念的に整理しておきたい。**図表2−9**は，ヒト，モノ，カネ，そしてデータという4つの要素から，現在進行しているデータ本位経済化の動きを整理したものである。

　第一に，ヒトに着目すると，現在の世界人口増加率は1％程度であり，2050年には0.5％水準まで低下すると推計されている。人口は，その急増が指摘された時代もあったが，今後は，増加ペースが緩やかに低下していくため，量的

13　厳密にはストックデータとフローデータを比較すべきではないが，世界銀行のデータによれば，米国の株式時価総額の対 GDP 比率は，1980年約48％だったが2018年には約148％まで上昇している。

な側面では安定化するとみなせよう。また，20世紀末から21世紀にかけて，中国をはじめとした新興国では，高い経済成長率を達成してきたが，近年ではそのペースも鈍化傾向になっている。特に，中間所得層の人口増加ペースも一段落していることから，消費のために必要とされるモノ需要も落ち着きをみせている。

　さらに，非構造化データを含むオルタナティブデータを活用して効率的なモノの配給システムが行きわたりつつあることから，モノの無駄遣いを回避できるようになってきているのも新しい現実である。モノの破棄が回避され，需要に応じた適時適切な供給が確保されれば，それだけ需要が節約されることになるのである。

　このように，ヒトから出発した「**モノをめぐる構図**」（**図表2－9の**Ⓐ）により

図表2－9　データが重要になる時代へ

カネ余り時代のデータ本位経済化

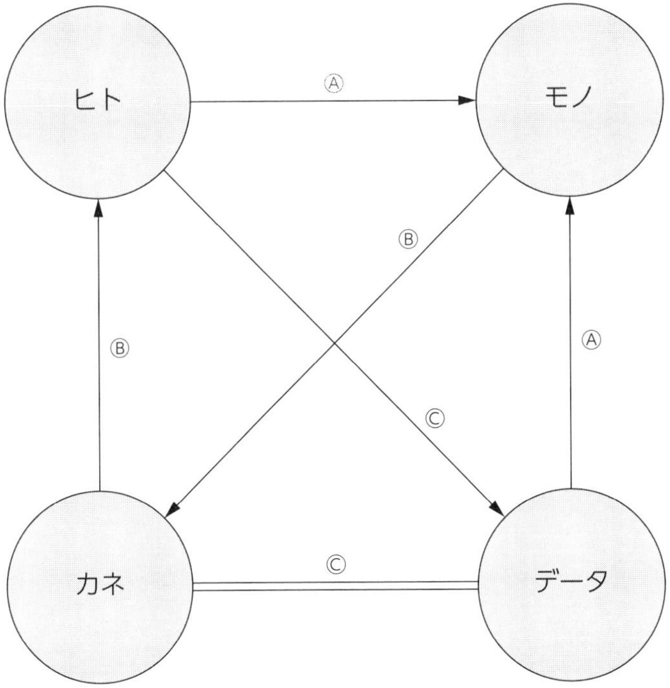

モノに対する需要が盛り上がらなくなり，消費者物価も安定的に推移し，インフレ率の急速な上昇が発生しにくくなっているといってよいだろう。一方では，ヒトというリソース（資源）はそれほど増加しないため，ヒトの手を介さないと提供できないようなサービスの希少性はモノよりも高まり，サービス価格の上昇がモノ価格の下落と相殺され，消費者物価を支えているといってよいかもしれない。

　第二に，モノに対する需要が高まっている時代には，モノを製造する設備や工場への投資が活発になり，そのための資金調達が活発化するだろう。当然ながら，大規模な資金調達が必要となり，融資をはじめとするカネに対する需要が輪をかけて高まることになる。しかし，現在のようにモノ需要が安定化してくると，それに応じてカネ需要も減退し，カネが余るようになる。余ったカネは，企業の資金調達を容易にさせ（調達金利もしくは資本コストの低下），効率の良くない投資物件や，リスクの高い案件等に投資されるケースが頻出するだろう。

　また，経営者は，本業での設備投資よりも，簡単に調達できる資金で自社株買いを実施し，1株当たり利益（EPS）や株価をかさ上げして役員報酬引上げを図るケースも散見されるようになる。つまり，マネーゲームに似た様相が強化されるわけである。しかし，このゲームに参加できない多くの人々との格差はますます拡大し，カネの偏在性による不平等は拡大するという「**カネをめぐる構図**」（**図表2‐9の**Ⓑ）が鮮明になっている。

2　オルタナティブデータの台頭

　そして第三に，製造業中心から情報産業中心へと産業構造が転換しデータ社会化が進む過程では，1人当たりのデータ使用量増加が顕著になっている。近年は，データ量増殖に伴い，オルタナティブデータの使用価値が高まったため，そのデータをめぐる獲得競争が熾烈になっている。つまり，新たなデータが付加価値になり，それをベースとしたビジネスが利益を生み，すなわちカネを生むことになる。つまり，単なるデータがカネとリンクして連動し始め，独壇場に位置していた「カネ」＝通貨の地位を揺るがす可能性も指摘できるだろう[14]。

14　詳しくは，ビクター・マイヤー＝ショーンベルガー，トーマス・ランジ／斎藤栄一郎訳（2019）『データ資本主義』NTT出版を参照。

データ価値の加速的拡大に応じて，データそのものが通貨としてのカネの地位を脅かすことになる。

　しかし，そのデータを獲得しているプラットフォーマー（GAFA 等の超巨大企業）の数は限られているため，データは寡占化される傾向が強くなっている。そこで，有効なデータを確保できる主体とできない主体の間でのデータ格差が，ますます，カネの偏在性を高めるという「**データをめぐる構図**」（**図表2－9の○C**）が，将来的に顕著になるのが想像できるだろう。このように考えると，カネの主役が，製造業の成長を中心として，既存の政府・中央銀行を頂点とする「信用本位通貨」から，国家の枠を超えた情報産業で活躍する複数のプラットフォーマーを主軸とする「データ本位通貨」へと変わりゆくというイメージが描けるかもしれない。

　以上のような概念整理が示唆するのは，社会構造の変化により，オルタナティブデータ等の稀少性が高いデータは，相対的に貨幣の価値を上回る可能性が高まっているということである。投資プロセスの中においては，貨幣（カネ）を評価基準とした経済データや財務情報だけでなく，将来の付加価値の源泉となりうるオルタナティブデータに基づく投資評価も有効になりゆく段階に差し掛かっているといえよう。

　そこでアセットマネジメントにおいてもこのようなオルタナティブデータを活用するために，ビッグデータ処理に不可欠な AI（人工知能）技術の活用が不可欠になってくるだろう。AI 技術が一般化する中で，その動きが金融市場にどのように影響しているのかという視点を持つことは重要なのである。具体的には，AI 技術は，金融市場に次の3点の変化を及ぼしていると考えられる。

　第一に，**市場参加者の行動変化**である。AI の活用が進み，公表テキストデータへの過剰反応や売買高速化といった市場参加者の売買行動が変化することで，金融市場全体が従来のものとは異なる性格を持った存在になってきている。

　第二に，**市場パフォーマンスの特性変化**である。AI の活用推進が，急変動現象（フラッシュ・クラッシュ等）発生頻度を高め，その結果として市場ボラティリティが上昇するならば，市場のリスクプレミアム水準が上昇することが予想される。特に株式市場のリスクプレミアムが拡大するのであれば，株式を長期保有している機関投資家の長期的なリターンは，その拡大過程で抑制圧力

がはたらくことになるだろう。その一方で，短期的には AI の活用が，平時の市場における揺らぎを抑制し，ボラティリティが低下することも考えられよう。

第三に，**市場構造の変化**である。金融市場のパフォーマンス特性が変化するならば，中央銀行や規制当局による市場政策に影響を与える点も，同時に考えていく必要があろう。近年，主要中央銀行による市場モニタリング活動が積極化しており，市場特性の変化に応じた市場政策が強化される傾向が強まっている。そのため AI の活用が進み，それが政策に反映され，さらに市場構造そのものが変わっていくことが予想されよう。

つまり，人工知能の活用推進は，ミクロレベルでの個別の市場参加者の行動変化にとどまらず，市場パフォーマンスの変化を介して，市場構造にかかわるマクロレベルの問題にまで影響するという観点から考える必要がある。そこで，以下では，このような市場全体のマクロの側面を前提に，アクティブ運用ビジネスの AI システム活用を考えてみよう。

3　付加価値の二極化

(1)　微細化・短期化

市場データや経営指標などの一般データをベースにした AI システムは，既存のアナリスト・チームの調査活動の効率化を促進する効果がある。一方，このような試みは，多数のアセットマネジメントにおいて，加速的に採用されてきているため，競争力のある付加価値創出源泉としての価値が低減することが予想される。そのため，陳腐化する一般データに依存した AI システムは，データの量や AI 処理能力という次元の競争から，売買執行コストとスピードの競争に変化していかざるを得ない。競争力のないプロセスは捨てられ，より差別化できるものへと変異していくからである。

これは，特にグローバル金融危機以降に金融市場で進みつつある構造変化「**付加価値の二極化**」に即した動きの 1 つでもある。付加価値の二極化とは，金融市場から超過収益を得る機会が，「微細化・短期化」と「拡張化・長期化」という 2 つの極に分化していくという意味であり，従来の「伝統的・中期的」アプローチが通用しなくなり，極端なアプローチでしか付加価値が得られない状況に至る。さらに，この動きは，将来，加速していくと想定される。売買執

行コストとスピードの競争は，「微細化・短期化」に注目した投資行動であり，具体的には，HFT（High Frequency Trading：高頻度取引）やETFプロバイダー等による効率的な指数再現化が相当する。一方，この種の付加価値の追求は，「イタチごっこ」の側面があり，特に情報技術が発展し，データ分析手法が高度化している現代にあっては，過剰競争状態を生み出すことになるだろう。また，この競争は，執行システムの高度化を推進するにつれ，付加価値も希薄化することになる。

　アルゴリズムなどを活用した高頻度売買の隆盛により，株式市場などで短期的な裁定余地が希薄化し，付加価値の源泉が消失してきているため，もう1つの極である投資ホライズンの長期化を余儀なくされているわけである。AI技術の進展やトレーディング手法の高度化により，決算情報が瞬時に市場に反映されることで，株価ドリフトが極小化しているとの議論もあることから，「伝統的・中期的」アプローチでの付加価値追求も輪をかけて難しくしている背景となっているのである。

　また，近年のファクター投資の一般化により，従来からアルファの一部であると考えられてきたリターンファクター等（バリューやモメンタムなど）が注目されている点も，「伝統的・中期的」アプローチにとっては逆風である。特定の有効と思われるファクターに着目した指数を構築し，その指数に連動する低コストファンドを組成するスマートベータ戦略は，従来型のアプローチの存在意義を揺るがしているといってよいだろう。

　指数再現化競争では，ETFやパッシブ運用で現実化した「アセットマネジメント会社の集約化と肥大化を通した寡占化」をもたらすことになるため，この競争と同次元で競争に参加することは，運用カルチャーを保持することを志向するアクティブマネジメント会社の主たる選択肢とはならないといえよう。なお，ETF等による取組みは，トラッキングエラーを低下させ売買コストを節約するという意味での付加価値であり，いわゆるアルファ（超過収益）追求のことを意味しない。ベータ組成の効率化という付加価値と表現すれば，合点がいくだろう。

　そこで，アクティブ・アセットマネジメント会社の目線は，市場データや経営指標などの一般データをベースにしたAIシステムから，画像データやPOS

データ，サプライチェーンデータといったオルタナティブデータに依存した
AIシステムに注がれるようになっている。しかし，このアプローチには，い
くつかの注意すべき特徴がある点を指摘できよう。すなわち，オルタナティブ
データ・ドリブン型のAIシステムの特徴は，①単体のオルタナティブデータ
が有効にはたらく領域が限定されるため（領域の限定化），②複数のオルタナ
ティブデータを同時並列的に活用せざるを得なくなる（並列活用化）という点
である。さらに，③オルタナティブデータの種類にも限界があるため，取得機
会が限られるとともにデータ取得コストの上昇が予想され，データサイエン
ティストの人件費も含めた厳しいコスト条件をアセットマネジメント会社に課
すため（個別採算の見える化），④顧客の規模や特性を選ぶことが求められる
のである（顧客選択の厳格化）。

　これらの特徴は，特に巨額資金を運用するアセットオーナーやアセットマネ
ジメント会社の行動に影響を与えるはずである。つまり，オルタナティブデー
タ・ドリブン型のAIシステムの導入には数量的な限界が存在するため，巨額
資金運用において採用可能な運用比率が限られるとともに，アセットマネジメ
ント会社にあっては，数量的限界をカバーする報酬体系に基づく顧客にのみに，
オルタナティブデータ・ドリブン型プロダクトを提供するという選択をするよ
うになるだろう。

⑵　拡張化・長期化

　ところで，アクティブ・アセットマネジメント会社は，AIシステムの対象
を一般データからオルタナティブデータにシフトするとともに，「付加価値の
二極化」という市場構造変化のもう1つの特徴である「拡張化・長期化」を志
向するようにもなるだろう。残された領域は，従来，付加価値を提供できた「伝
統的・中期的」アプローチから，短期と長期に二極化されるため，残された「拡
張化・長期化」のアプローチを模索してきているからである。この場合の拡張
化とは，投資対象の選択基準の多様化を意味し，短期的なキャッシュフローの
上昇ではなく，長期的なキャッシュフローを創出するための選択基準を意味す
る。

　まさにESG運用の潮流は，この文脈で考えていくと理解しやすく，長期に

わたる安定的キャッシュフローの創出を果たすための投資対象選択の基準と位置づけることができよう。アセットマネジメント会社は，この基準に則ったエンゲージメントを行い，投資対象の運営方針と目線をそろえることで，微細化・短期化する市場構造の中で見落とされがちな長期にわたるダイナミズムに着目しつつ意思決定していくスタイルを志向しているわけである。これは，アセットオーナーと長期にわたるアライメントを実現化するために不可欠な対応であるといえるかもしれない。近年ではフェア・ディスクロージャーによる企業情報の均一化が進展し，アナリストによる調査の重点が，次四半期の業績予想から長期的な企業業績の方向性に移行せざるを得なくなっている。アナリスト予想の視点が，細部のミクロ情報の積上げから，大胆でダイナミックな企業価値の変化イメージ予想へと変化してきていると言い換えてもよいだろう。

　この投資基準の拡張化と長期化を実施するにあたっては，多数の投資先を対象にするアプローチにより市場全体の底上げを図る「パッシブ運用型エンゲージメント」アプローチがある一方で，より効果的なエンゲージメントを限られた投資対象に対して実施することで，長期にわたる付加価値を高めていく「アクティブ運用型エンゲージメント」アプローチもある。

　興味深いのは，企業との対話のツールとしてオルタナティブデータを採用することで，投資対象のトップマネジメントが見落としていた盲点（気づき）などを共有し，共働関係を構築するという方向性ではないかと考えている。つまりESG等を基準としたエンゲージメント運用において，財務情報等の一般データだけでなく，オルタナティブデータをベースとした対話を導入することで，アセットマネジメント会社として投資対象の価値向上にコミットしていくわけである。例えば，限られたセクターに有効なオルタナティブデータを活用したオルタナティブデータ・ドリブン・エンゲージメントの開発についての検証は，急速に進みつつある（詳しくは第6章参照）。

　以上のように，アセットマネジメント会社だけではなく多くの投資家は，付加価値の二極化が進行する中で，今後，オルタナティブアセット投資とオルタナティブデータの活用を，より積極的に行う必要があるだろう。これらの課題に応えるために，以下では，現在考えうる多様なオルタナティブアセット投資の実際と今後の課題について，第3章から第5章で整理し，オルタナティブ

データの取組みと将来の展望について第6章から第8章までにおいて記していくことにする。

（執筆担当：平山賢一）

オルタナティブアセット投資
という選択

第 **3** 章

拡がるオルタナティブアセット投資

　近年，オルタナティブアセットは，多くの機関投資家によって受け入れられてきた。東京海上アセットマネジメントで実施している投資家アンケートにおいても，今後配分を増やしていきたい投資戦略として，毎年，オルタナティブアセットが上位に挙げられており，実際，投資家のポートフォリオ全体に占めるオルタナティブアセットへの配分割合も増加傾向にあるようにみられる。

　一方，近年のオルタナティブアセット戦略の多様化もあり，「多数のオルタナティブアセットの中から良いものを選定することが難しい」，「採用しているオルタナティブアセットが期待どおりに成果を上げていない」，「これまでオルタナティブアセットへの配分を徐々に増やしてきたが，最適な配分割合（どこまで増やしてよいものか）がわからない」などの声も聞かれており，本格的にオルタナティブアセットの採用を進めていくにあたり，様々な課題が生じているのも事実である。そこで，本章では，オルタナティブアセット戦略とは何かという「概要」の説明に加え，投資家がオルタナティブアセット戦略を採用するにあたっての「準備」や「実行」といった実務面についても解説していきたい。

第1節　オルタナティブアセット戦略の概要

　オルタナティブアセット戦略は，2000年頃より，著しい成長を遂げてきた。しかしながら，その間の投資環境を振り返ると，2000年のIT バブル崩壊から始まり，2008年のグローバル金融危機，2011年の欧州ソブリン危機，2014〜2015

年の原油価格危機といった，数々の危機を経ており，オルタナティブアセット
は，これら厳しい投資環境を乗り越えて，「成長」を持続してきたといえるの
である。なお，2020年に入ってからは，コロナショックにより，再び厳しい投
資環境となっているが，これまでの経験を生かし，運用者の努力，そして投資
家の忍耐力によって，この投資環境を乗り越えての成長を続けることであろう。

　また，成長を続けてきた理由として，伝統的運用手法のみでは得られない，
分散効果などの本源的な「魅力」がオルタナティブアセットには存在している
ことも考えられる。しかしながら，オルタナティブアセットには，低流動性など，
伝統的運用手法とは大きく異なる「特性」，言い換えれば，留意すべき点が存
在しており，この点についても後述するが，実際の投資を進めるにあたっては，
魅力だけではなく，特性についても十分に理解することが必要となるだろう。

1　著しい成長を遂げてきたオルタナティブアセット投資

　オルタナティブアセット投資の成長は，その「量的成長」に注目されがちで
あるが，特に2008年のグローバル金融危機以降，それまでの教訓を生かす形で
「質的成長」も同時に図られてきたのであり，つまり，「質的成長」があったか
らこそ「量的成長」が達成されてきたともいえるであろう。昨今のコロナ
ショックによって，リスク性資産に対する投資家の投資意欲は一時的に減退す
る可能性はあるものの，グローバル金融危機以降にみられたように，オルタナ
ティブアセットに対する投資需要は，引き続き底堅く推移し，今後も，「量的
成長」と「質的成長」がバランスをとりながらアセットマネジメントの成長は
続くことであろう。

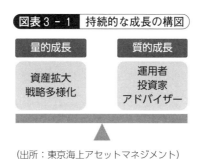

（出所：東京海上アセットマネジメント）

(1) 量的成長

オルタナティブアセット投資は，一貫して規模の拡大を続けている。特に低流動性資産であるプライベート・キャピタル（クローズド・エンド型）については，足元の運用資産総額が7兆ドル程度まで拡大しており，東京証券取引所の株式時価総額に匹敵する規模になっている。また，戦略別でみると，プライベートエクイティが依然として最大規模ではあるものの，不動産，インフラストラクチャー，プライベートデット，天然資源についても規模を拡大させており，オルタナティブアセット戦略の多様化が進んできたことがわかるのである。

後段で詳しく解説するが，投資家がオルタナティブアセット投資を行う最大の理由は分散効果であり，投資家は，伝統的運用に対する分散効果，およびオルタナティブアセット戦略内での分散効果を求めて，これからもオルタナティブアセットへの配分を増やすことが予想されることから，オルタナティブアセット投資の拡大と戦略の多様化は，今後も続くことであろう。なお，ヘッジファンドについては，**図表3-2**には含まれていないが，足元の運用資産総額が3兆ドル程度となっており，プライベート・キャピタルと合計した**オルタナティブアセット投資の規模は，10兆ドル程度**となっている。

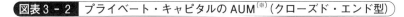

図表3-2 プライベート・キャピタルの AUM[※]（クローズド・エンド型）

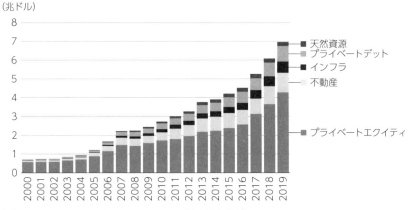

(※) AUM：Asset Under Management（運用資産総額）
(出所：Preqin Ltd.)

(2)　**質的成長**

　ここまで，オルタナティブアセット投資の拡大と戦略の多様化が進んできたことをみてきたが，この間，単に量的な成長のみではなく，質的な成長も図られてきたといえるだろう。主な質的成長（改善点）としては，リスク管理と情報開示が挙げられると思うが，グローバル金融危機での経験を踏まえ，運用者はリスク管理を厳格化し，投資家から一任運用や投資助言サービスなどを請け負うゲートキーパーやコンサルタント（総称してアドバイザー）は，顧客へのサービスとしてリスク分析を推進し，また投資家においてもリスクの把握を強化してきた。

　また，その動きに伴い，運用者に対する情報開示の期待水準も高まり，単にファンド全体の表面的なパフォーマンスだけではなく，組入れ資産の詳細や，ポートフォリオ全体の分散状況，流動性，資金調達先や返済期限の分散状況に至るまで，詳細な情報の開示が求められている。投資家およびアドバイザーは，それらの情報をベースにデューデリジェンスおよび投資後のモニタリングを行うのであるが，十分なリスク管理と情報開示を行わない運用者は，投資家からの資金を集めることができずに淘汰されており，それに応えられる運用者のみが生き残る構図となっているのである。

　つまり，運用者はもちろんのことであるが，投資家やアドバイザーを含めた参加者全員の，経験，努力，英知，によって質的成長が図られてきたのであり，その結果として，量的成長を達成してきたといえるだろう（**図表3-3参照**）。

図表3-3　参加者全員による質的成長の構図

（出所：東京海上アセットマネジメント）

(3) グローバル投資家の投資計画

　国内年金によるオルタナティブアセットへの投資比率[1]は13％程度と推定されているが，近年では増加傾向にある。グローバル投資家においても同様であり，プレキン社の実施したアンケート調査[2]によれば，その取組割合（投資済の投資家割合），配分割合（投資済の投資家におけるポートフォリオ全体に対する目標配分），および全体割合[3]（未投資の投資家を含めた機関投資家全体での投資割合）は図表3－4のとおりとなっており，足元では22％程度をオルタナティブアセットに配分していると推計される。

　戦略別でみると，プライベートエクイティ，不動産，ヘッジファンドの取組割合および配分割合が高く，これらの戦略がオルタナティブアセットの中では先行して投資家に受け入れられてきた結果であるといえる。一方，インフラストラクチャーとプライベートデットについては，相対的に，取組割合および配分割合が低くなっており，これらの戦略は投資家にとっても比較的新しいエリアであったことが背景であろう。

　なお，投資家の長期配分計画をみると，すべての戦略において配分増加が配分減少を上回っており，引き続き，オルタナティブアセットに対する旺盛な投資意欲が確認できるのである（図表3－5参照）。

図表3－4　グローバル機関投資家の投資状況

	プライベートエクイティ	不動産	インフラ	プライベートデット	ヘッジファンド	合　計
取組割合	66％	60％	32％	33％	46％	－
配分割合	11％	9％	5％	6％	13％	－
全体割合	7％	5％	2％	2％	6％	22％

（出所：Preqin Ltd. (Investor Outlook：Alternative Assets H1 2020)（全体割合はTMAM推計））

1　企業年金連合会の実態調査結果（2018年度　概要版）の確定給付企業年金（その他資産）を参照。
2　Preqin Investor Update Alternative Assets H1 2020（回答者の地域分布：北米55％，欧州31％，アジア8％，その他5％）（回答者の属性分布：アセットマネジメント会社17％，ファミリーオフィス17％，公的年金16％，私的年金10％，保険会社10％，財団9％，ウエルスマネージャー8％，寄付基金6％，銀行3％，政府機関1％，その他3％）
3　全体割合は，取組割合×配分割合で計算。東京海上アセットマネジメント推計値。

図表3 - 5　グローバル機関投資家の長期配分計画

	配分増加	配分維持	配分減少
プライベートエクイティ	51%	44%	5%
不動産	35%	58%	7%
インフラストラクチャー	43%	51%	6%
プライベートデット	41%	50%	9%
ヘッジファンド	26%	54%	19%

■配分増加　■配分維持　配分減少

(出所：Preqin Ltd. (Investor Outlook：Alternative Assets H1 2020))

2　オルタナティブアセット戦略の魅力とは

　それでは，これまで著しい成長を遂げてきたオルタナティブアセットの魅力とは何であろうか。プレキン社のグローバル機関投資家アンケートにおける「オルタナティブアセット採用の理由」をみてみると，各戦略によって採用理由は異なるものの，多くの戦略で上位に挙げられているのは，「分散効果（および他資産との低相関）」，「高いリスク調整後リターン」，「安定したインカム収入」となっている（図表3 - 6参照）。

図表3 - 6　グローバル機関投資家のオルタナティブアセット採用の理由

	プライベートエクイティ	不動産	インフラ	プライベートデット	ヘッジファンド
1位	分散効果	分散効果	分散効果	分散効果	分散効果
2位	高い絶対リターン	安定したインカム収入	他資産との低相関	高いリスク調整後リターン	他資産との低相関
3位	高いリスク調整後リターン	他資産との低相関	安定したインカム収入	安定したインカム収入	高い絶対リターン
4位	他資産との低相関	インフレヘッジ	高いリスク調整後リターン	他資産との低相関	高いリスク調整後リターン
5位	ポートフォリオのボラティリティ低減	高い絶対リターン	インフレヘッジ	高い絶対リターン	ポートフォリオのボラティリティ低減

(出所：Preqin Ltd. (Investor Outlook：Alternative Assets H1 2020))

　その中でも「分散効果」がどの戦略においても最上位の理由として挙げられていることが特徴的である。これは，オルタナティブアセットが非常に多様化しており，それぞれのリスクが異なることから，パフォーマンスの出方も異なり，そのことが分散効果として，投資家に対する最大の魅力となっていることを示すものであろう。

⑴　分散効果（および他資産との低相関）

　すべての戦略において，「分散効果」が採用理由の最上位に挙げられている。オルタナティブアセットは，戦略ごとに，対象資産クラス，サブ戦略，主要リスクが異なるため（**図表3−7参照**），リスク・リターンにばらつきが発生し，広く分散投資を行うことで，分散効果が最大限に期待できるのである。

　例えば，不動産とインフラストラクチャーは，いずれも実物資産系のオルタナティブアセット戦略であるが，それぞれの対象資産クラスが異なり，主要リスクも異なるため，戦略の分散効果が期待できる。また，同じ戦略内であってもサブ戦略の違いによりリスク・リターン特性は異なるため，さらなる分散効果が期待できる。同様に，プライベートエクイティとプライベートデットについても，未上場企業に投資することは共通していても，その株式に投資をするのか，債権に投資をするのかで，当然リスク・リターン特性が大きく異なるのである。

　実際，国内年金基金等の運用担当者に，「なぜオルタナティブアセット投資を行っているのか」を問うと，「分散効果が期待できるから」という意見が多く，「ポートフォリオ全体のリターンを安定化させるために分散効果の期待できるオルタナティブアセットを採用してきたが，近年では，複数のオルタナティブアセット戦略を採用することにより，さらなる分散効果の享受を目指している」という話もある。

　過去のパフォーマンスの状況については後段（第2節・3　ポートフォリオ構築方針の整理，⑴　戦略分散の推進，**図表3−16**）にて詳しくみていくが，2008年のグローバル金融危機，2011年の欧州ソブリン危機，2015年の原油価格危機における状況をみてみると，まず，2011年および2015年について，株式市場のパフォーマンスが伸び悩んだのに対し，ヘッジファンドを除くオルタナ

図表 3 - 7　オルタナティブ各戦略における特徴

戦略	対象資産クラス	サブ戦略	主要リスク
プライベートエクイティ	未公開株式	バイアウト ベンチャー・キャピタルなど	企業業績，IPO動向，合併買収動向など
不動産	不動産	コア／コアプラス バリューアッド オポチュニスティック	人口動態，技術革新，嗜好変化，都市計画，市場サイクルなど
インフラストラクチャー	インフラ資産／事業	コア／コアプラス バリューアッド オポチュニスティック	政治・規制，需要・価格，運営，建設など
プライベートデット	中堅・中小企業のローンなど	ダイレクト・レンディング メザニン 不良債権投資など	クレジットリスクなど
ヘッジファンド	株式 債券，金利 為替など	ロングバイアス，マーケット・ニュートラル，ディレクショナル・トレーディング	市場環境，需給動向を含めサブ戦略ごとに多種多様

ティブアセット戦略は，株式市場を上回るプラスのパフォーマンスを上げており，株式に対する分散効果が発揮されたことが確認できる。

　一方，2008年のグローバル金融危機においては，株式のみならずすべてのオルタナティブアセット戦略がマイナスとなっており，マクロ環境が急速に悪化して，あらゆるリスク性資産が売り込まれるような環境となった場合には，オルタナティブアセット戦略においても，その影響から逃れることは難しいという結果となっている。しかしながら，そのマイナス幅は，株式市場よりも相対的に小さかったこともあり，2008年以降にオルタナティブアセットが再評価され，運用資産の拡大につながったのである。

⑵　高いリスク調整後リターン

　プライベートエクイティ，インフラストラクチャー，プライベートデット，ヘッジファンドにおいては，「高いリスク調整後リターン」が採用理由の上位に挙げられている。一般的に，オルタナティブアセットは，上場株式と比較すると価格変動リスクは低くなる。その理由は，戦略ごと（およびサブ戦略ごと）に様々ではあるが，以下のような構造上の点が背景となっていると考えられる。

① プライベートエクイティを含むオルタナティブアセット全般：低流動性・非上場資産を投資対象とする場合，伝統的運用のように，投資対象の市場価格変動にファンドの評価額が日々さらされることがない
② インフラストラクチャー：特にコア型戦略では，規制や長期契約によって，長期安定的なキャッシュフローの獲得を期待できる資産への投資中心に行われている
③ プライベートデット：返済順位の高いデットへの投資であるため，プライベートエクイティよりも低リスクとなるが，クレジットリスクをとることで，伝統的運用における債券よりも高いリターンが期待できる
④ ヘッジファンド：ショートポジションによって市場下落の影響を低減させる

　ただし，オルタナティブアセットでは，レバレッジが使用されることも多く，グローバル金融危機のような大幅に市場が下落する場合においては，レバレッジの分だけマイナスが増幅されるリスクがある点や，信用収縮により借換えが困難になった場合には，流動性が枯渇する中でも原資産を売却しての借入金返済に迫られるなどによって，大きなマイナスとなる可能性がある点には留意が必要である。
　そのため，後段（第3節　オルタナティブアセットへの投資を実行，2　リスク評価におけるポイントは）にて詳しく述べるが，オルタナティブアセットにおいては，平常時のリスクだけではなく，潜在的な大幅値下がりのリスクについても十分に分析しておくことが必要となる。

(3) 安定したインカム収入

　不動産，インフラストラクチャー，プライベートデットにおいては，「安定したインカム収入」が採用理由の上位に挙げられている。不動産とインフラストラクチャーについて，特にコア型においては，安定したインカム収入を上げることが運用目標となっており，長期契約に基づく安定稼働資産への投資が中心となるため，グローバル金融危機のような状況でも，キャピタルゲインには影響が出るものの，安定的にインカムは確保されるのが一般的である。一方，プライベートデット（ダイレクト・レンディング）については，プライベー

ト・エクイティ・ファンドと比較すると，デットへの投資であることから返済順位が高く，また，シニアデットへの投資であることから担保による保全も期待できるため，デフォルト時の回収率は，デット関連商品の中でも相対的に高いといえる。このような点から，年金基金のような長期投資を前提とし，短期的な価格変動や低流動性が許容できる投資家にとっては，不動産，インフラストラクチャー，プライベートデットといった戦略は，安定したインカム収入が期待できる戦略として，魅力があるといえよう。

3　オルタナティブアセット投資において留意すべき特性は

　ここまで，オルタナティブアセットの魅力について述べてきたが，いくつかの特性（留意点）についても述べておきたい。ポイントとしては，「低流動性資産」，「プライベート市場」，「長期投資」の3点が挙げられるが，投資家は，これらの内容を十分に理解した上で，許容できるリスクであるのかを十分に検討した上で投資を実行することが重要となるだろう（**図表3－8**参照）。

図表3－8　**オルタナティブアセット投資において留意すべき特性**

低流動性資産	クローズド・エンド型の場合，途中での解約・償還請求を行うことはできない。オープン・エンド型についても解約制限があるため，常に資金化ができるとは限らない。そのため，機動的な資金化や配分変更が困難であることを念頭に置く必要性がある。
プライベート市場	ファンド持分の純資産額は，公開市場で決定されるのではなく，運用者，管理会社，第三者機関が算出する評価金額をベースに算出されるため，実際の取引価格と乖離する可能性がある。
長期投資	クローズド・エンド型の場合，一般的に存続期間は10年以上となることから，長期間にわたり資金が固定化される。また，ポートフォリオ構築までに時間を要するため，パフォーマンスについても長期間で評価しなければならない。

⑴　低流動性資産

　クローズド・エンド型の場合，途中での解約・償還請求を行うことは原則できない。ファンド持分の二次流通市場は存在するものの，純資産価格に対してディスカウントを受け入れない限り売買が成立しないケースがある。一方，

オープン・エンド型の場合には，四半期ごとの解約が可能となっているケースが多いものの，大量の解約請求が発生した場合には，解約制限がかかるのが通例であり，結果として，資金化までに時間を要することがある。そのため，投資環境の変化や，投資家側の運用目標の変更，制度変更等が発生して，いざ資金化しようとした場合にも，タイミングによっては資金化が困難になるケースがあることを念頭に置く必要がある。

(2) プライベート市場

ファンド持分の純資産評価額（NAV：Net Asset Value）は，公開市場で決定されるのではなく，例えば，プライベートエクイティの場合には，運用者もしくは管理会社が算出する金額をベースに算出されるため，実際の取引価格とは乖離する可能性がある。不動産の場合には，第三者機関によって行われる鑑定評価を用いてNAVが計算されるのが一般的ではあるが，それも実際の取引価格とは乖離が生じてしまう。

なお，伝統的資産運用におけるポートフォリオ運用であれば，リアルタイムでのパフォーマンスの把握も十分可能であるが，プライベート市場に投資するオルタナティブアセットの場合，NAVが公表されるまでに時間を要するため，実態の把握までにタイムラグが発生する点には留意が必要である（詳細は，第8章参照）。

(3) 長期投資

クローズド・エンド型の場合，存続期間は10年以上となり，長期間かけてのポートフォリオ構築とパフォーマンスの実現を目指すスタイルである。そのため，長期間にわたり資金が固定化されるという面もあるが，パフォーマンスの面でみても，投資開始からの数年間はJカーブ効果（プラスのパフォーマンスを享受できない期間）が発生することから，長期間で評価しなければならない。つまり，短期間での成果を求めるのではなく，長期間での成果を期待しなければならない。

その点，オープン・エンド型であれば，すでに構築されたポートフォリオへの投資となるため，Jカーブ効果は回避でき，早期の運用成果が期待できる。

しかし，クローズド・エンド型と同様，低流動性資産への投資となるため，解約請求が一度に多く発生した場合には解約制限が発動されるなど，伝統的運用のような高い流動性が常に確保できるとは限らないため，結果的に長期投資となる可能性を前提に投資を検討する必要がある。

第2節　オルタナティブアセットへの投資を行うための事前準備

次に，投資実行前に行うべき「準備」として，「運営方針」，「投資枠の括り方」，「ポートフォリオ構築方針」について整理していきたい。伝統的資産運用におけるプロセスが，おおむね適用可能ではあるものの，オルタナティブアセットの特性を勘案した準備をしておくことが必要となる。

1　運営方針の検討

オルタナティブアセットを採用するにあたっては，「目的の明確化」，「長期計画」，「リソース確保」が，はじめに検討しておくポイントになると考えられる（**図表3-9**参照）。これらについては，後段で述べる「投資枠の括り方」，「ポートフォリオ構築方針」，と合わせて大枠の検討を進めておき，投資判断の前に，「目的は明確であるか」，「長期計画に基づいているのか」，「リソースは十分に確保できているのか」，といった形で，最終チェックを行うことが望ましいであろう。

図表3-9　運用方針の立案における検討事項

目的の明確化	ポートフォリオ全体の目標を達成する上で，何が課題となっているのか，オルタナティブアセット戦略を採用することで，何を達成するのかを明確化する。
長期計画	オルタナティブアセット戦略は低流動性資産であり，長期投資が前提となるため，投資計画も長期のものを立てる必要性がある。
リソース確保	円滑に運営するために，追加の社内リソースの確保や，ゲートキーパー活用，コンサル採用の必要性について検討する。

(1) 目的の明確化

オルタナティブアセットの採用を検討するに際し，まず取り組むべきことは，オルタナティブアセットを採用する目的を明確化することであり，そのためには，現状の課題から考えていくことが効率的であろう。伝統的運用を含めたポートフォリオ全体では，現在，何が課題となっているのか，そして，オルタナティブアセットを採用することで，何を達成するのかを明確にしていく必要がある。

また，流動性や価格変動などのリスク許容度についても明確にしておく必要がある。オルタナティブアセットは多種多様であり，投資家固有の課題によって選択すべきソリューションは異なり，また，さらに詳細な投資家固有の課題やリスク許容度によって，選択すべき具体的な戦略も変わってくるのである（**図表 3 - 10** 参照）。

図表 3 - 10 投資家の課題例とソリューション例および具体的な戦略例

課題例	ソリューション例	具体的な戦略例
国内金利が低すぎるため，国内債券からの運用収益が期待するリターンに届かない	高利回りへの投資	プライベートデット（ダイレクト・レンディングなど）バンク・ローン，CAT ボンド
	インカム系のリアルアセットへの投資	不動産（コア型，コアプラス型など）インフラ（コア型，コアプラス型など）
	アブソルート・リターンへの投資	ヘッジファンド（マーケット・ニュートラル型など）
ポートフォリオ全体リターンの結果は結局株式のリターンに左右されてしまう	分散投資の推進	オルタナティブ全般（複数戦略）プライベートエクイティなど

(2) 長期計画

オルタナティブアセット戦略は，一般的に低流動性資産への投資であり，長期投資が前提となるため，投資計画も長期のものをたてる必要性がある。例えば，伝統的運用であれば，制度変更などの投資家側の状況や環境変化に対する対応などで機動的に資産の配分変更を行うことができるが，オルタナティブアセットは低流動性資産への投資であるため，そのようなことができない。また，オルタナティブアセットにおいては，ポートフォリオ構築には時間を要し，特

にクローズド・エンド型の場合には，ポートフォリオの構築や，実際にリターン寄与するまでに時間を要するため，長期計画を立てた上で投資を行わなければならないのである。

(3)　リソース確保

伝統的運用とは異なる資産クラス・運用手法であることから，現状のリソースで安定的な運営が可能であるのかを再検討する必要がある。特に，長期投資が前提となるため，人事ローテーションなども見据えた上で，長期にわたるリソースの確保を考えなければならない。そのためには，社内スタッフの拡充に加え，ゲートキーパーの活用やコンサルタントの採用なども，安定的な運営を維持するために有効な手段となる場合もあるだろう。

2　投資枠の括り方の検討

オルタナティブアセット投資には様々な戦略があり，それぞれが固有の特性を有する。そのため，それぞれを個別の投資枠（資産クラス）として管理することが理想的ではあるものの，各戦略への配分が小さい段階においては，特性の似た戦略をまとめて1つの投資枠として括り，管理することが効率的なアプローチとなろう。それでは，どのような投資枠の括り方が考えられるのか，国内年金での実施例などを含め，いくつか紹介していきたい。国内年金では，大きく分けて以下3つの方法が実施されている（**図表3-11**参照）。

図表3-11　投資枠の括り方の例

オルタナティブアセットを独立した資産とする	従来は，債券代替や株式代替として，それぞれの枠内で取り組んできたが，独立した資産クラスとして管理するもの
目的別に区分する	オルタナティブアセット戦略をさらに細分化して，伝統的運用も含め，目的別に区分した上で管理するもの
流動性で区分する	オルタナティブアセットを流動性で区分して，伝統的運用を含めてポートフォリオ全体での流動性を管理するもの

(1)　オルタナティブアセットを独立した資産とする

国内年金からは，「オルタナティブアセットの採用当初，ヘッジファンドは

図表3-12　オルタナティブアセットを独立した資産として括る動き

伝統的資産の枠内で管理		オルタナティブアセットを 独立した資産へ	
株式 （株式代替）	債券 （債券代替）	株式	債券
		オルタナティブアセット	

債券代替枠で管理していたが，グローバル金融危機を経て，やはりリスク・リターン特性が債券とは異なるということを再認識したため，オルタナ投資枠にて別管理することにした」ということを聞くことがある。現在においても，例えば，オープン・エンド型の不動産ファンドやインフラストラクチャー・ファンドを債券枠（債券代替）として管理するケースはみられるものの，オルタナティブアセットを1つの独立した資産クラス（オルタナティブアセット枠）として管理するケースが増えてきていると感じる。これには，伝統的運用とオルタナティブアセット戦略とでは，そもそもリスク・リターン特性が異なるという面もあるが，もう1つは，オルタナティブアセットへの配分が増えるにつれて，独立した資産クラスとして管理することが，ポートフォリオの実態をより正確に反映したものになると判断された面もあるだろう。

　また，別の国内年金においては，「株（ハイリスク・ハイリターン），債券（ローリスク・ローリターン）に対して，オルタナティブアセットをミドルリスク・ミドルリターンの資産クラスとして管理している」という話も聞くが，オルタナティブアセットへの配分が大きくなるにつれて，このようにオルタナティブアセットを独立した資産とする動きは，今後も続くものと思われる（**図表3-12**参照）。一方，将来的には，この動きとともに，伝統的資産とオルタナティブアセットの融合管理の動きも，クローズアップされてくることになるだろう（第8章参照）。

(2) 目的別に区分する

　オルタナティブアセットへの配分を高めている国内年金においては，オルタナティブアセットをさらに目的別に区分する動きもみられる。例えば，「従来は伝統4資産（国内株式，国内債券，海外株式，海外債券）＋オルタナティブアセットという括り方でやってきたが，オルタナティブアセットへの配分が多

図表3－13　目的別の資産区分例

資産区分	対象資産	特　徴
収益追求資産	国内株式 外国株式	上場株式とプライベートエクイティ（非上場株式）投資を含む。特に短期的なリスクは高い一方で，長期的には高いリターンが期待される。
安定資産	外国債券 一般勘定 現金	金利を主たる収益源泉とし，安定的な収益と，リスク資産下落時の下支え効果が期待される。
分散資産	ヘッジファンド 保険戦略	運用機関のスキルや，保険等の非伝統的な市場収益を収益源泉とし，株式や債券との分散効果が期待される。
高インカム資産	債権投資等	国債よりも高い信用リスク等をとることによる上乗せ金利を収益源泉とする。インカム収益の向上と分散効果が期待される。
実物資産	不動産 インフラ	流動性の低い不動産等のリスクをとることにより，株式や債券との分散効果，高いインカム収益等が期待される。

（出所：全国情報サービス産業企業年金基金）

くなっていることや，目的別に区分する方が何のための配分かということが明確になると考えた」という話があった（**図表3－13参照**）。前段で，オルタナティブアセット投資の準備として，「目的の明確化」について述べてきたが，このような目的別の資産区分を行うことによって，目的の明確化から始まり，資産配分およびモニタリングまでを一貫させ，より効率的なプロセスにすることができると考えられる。

(3)　流動性で区分する

　目的別区分とは別に，流動性という軸を区分に使用しているケースもみられる。例えば，国内年金からは，「オルタナティブアセット戦略は複数のグループに区分しているが，それとは別に，ポートフォリオ全体を流動性によって，①流動性資金，②高流動性ポートフォリオ，③中流動性ポートフォリオ，④低流動性ポートフォリオ，の4つのグループで管理している。この括り方は，制度変更など外部環境が変化した際にも対応できるように一定の流動性を確保することを目的とし，四半期ごとに比率を確認している」といった話も聞かれる。

　目的別区分と流動性区分を同時にマッピングする**図表3－14**を用いると理解

68

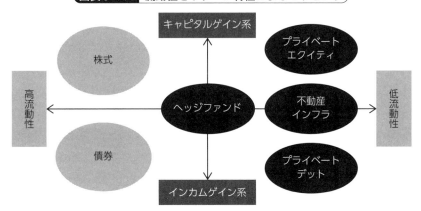

図表3－14　流動性とリターン特性によるマッピング

（出所：東京海上アセットマネジメント）

しやすい。例えば，成熟度の高い年金（掛金＜給付）であれば，「流動性を確保するために，左半分の高流動性への配分を50％以上（低流動性を50％未満）としつつ，安定的なリターンを確保するために，下半分のインカムゲイン系を70％以上（キャピタルゲイン系を30％未満）にすると……」といった形でディスカッションにおいて用い，「その中でオルタナティブアセット戦略をどのように活用するのか」といったことが議論のポイントとなる。

　このように，オルタナティブアセットをポートフォリオに加える場合，伝統的運用でよく用いられる，リスク，リターン，相関関係のみで最適アセットミックスを検討するのではなく，流動性という点も考慮した上での資産配分の検討が必要となるだろう。

3　ポートフォリオ構築方針の整理

　オルタナティブアセットへの投資にあたっては，その特性を勘案すると，「戦略分散の推進」，「ビンテージ（ファンド設立年）分散の推進」，「優良な運用者選択」の３点が，ポートフォリオ構築上の重要なポイントとして挙げられるが，投資実行前の準備段階で，これらの点について整理しておき，すでに大枠の運営方針として検討しておいた，「長期計画」，「リソースの確保」，といった点にも反映させていくことが重要となるだろう（**図表3－15参照**）。

図表3 - 15	ポートフォリオ構築におけるポイント
戦略分散の推進	特定のオルタナティブアセット戦略に偏るのではなく，幅広い戦略へ分散投資することが重要
ビンテージ分散の推進	特定のビンテージに偏るのではなく，サイクルを通じて，幅広く時間分散をすることが重要
優良な運用者選択	仮に同一の戦略，同一のビンテージであってもパフォーマンス格差が大きいため，優良な運用者を選択することが重要

(1) 戦略分散の推進

　過去における年間のパフォーマンスをみるとわかるが，最も好成績を上げる戦略は毎年入れ替わる（**図表3 - 16**参照）。そのため，理論的には，次年度に最も成績が良い戦略を予見し，そこへ大きく配分をすることが，運用効率を上

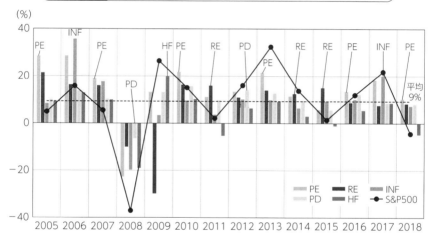

図表3 - 16　オルタナティブアセット戦略の年間パフォーマンス比較

PE：プライベートエクイティ（Cambridge US Private Equity (Legacy definition) Index[※1]）
RE：不動産（NCREIF Fund Index-Open End Diversified Core Equity）
INF：インフラストラクチャー（Cambridge Infrastructure Index[※2]）
PD：プライベートデット（Cliffwater Direct Lending Index）
HF：ヘッジファンド（HFRI Fund Weighted Composite Index[※3]）
（※1）　Cambridge Associates の四半期リターンに基づき，東京海上アセットマネジメントが年間リターンを計算
（※2）　リフィニティブ，Cambridge Associates
（※3）　Hedge Fund Research, Inc. www.hedgefundresearch.com, ©2020 Hedge Fund Research, Inc. All rights reserved.

げるためのベストな方法となる。しかしながら，オルタナティブアセット戦略の多くが低流動性資産であることから，実際には，そのような機動的な戦略配分変更は困難である。

　一方，単一のオルタナティブアセット戦略のみに投資し続けることは，結局その戦略のパフォーマンスが相対的に良い年と悪い年のサイクルの影響をストレートに受けることになり，複数戦略を組み入れた場合よりもパフォーマンスの変動リスクが高くなることが見込まれる。

　そのため，あらかじめ広く戦略分散を行っておくことが，実践可能なリターンの安定化（リスクの低減）を図る最善の方法となるだろう。仮に，過去14年間，全期間を通して全戦略への均等配分を行った場合でも，その年率平均パフォーマンスは 9 ％程度になると推計される。

　なお，オルタナティブアセットの分野における代表的な大手機関投資家としては，約4,000億ドルの運用資産規模を誇る CPPIB[4]（カナダ年金基金投資委員会）が挙げられるが，当該投資家は，2006年頃より，プライベートエクイティ，不動産，インフラストラクチャーといった，プライベート・キャピタルへの投資比率を増加させるとともに，採用戦略数も増やしてきた（**図表 3 - 17**参照）。現在は，総資産の50％以上をプライベート・キャピタルに配分しているが，この例からみても，戦略分散を行う上では，やはり長期計画に基づき，時間をか

図表 3 - 17 CPPIB におけるオルタナティブアセットへの配分比率推移

	2006	2011	2016	2018	2019
プライベートエクイティ	4.5%	15.1%	18.5%	19.4%	22.4%
不動産	4.3%	7.3%	13.1%	12.9%	12.1%
インフラストラクチャー	0.3%	6.4%	7.6%	8.0%	8.5%
プライベートデット	0.0%	3.4%	7.6%	7.0%	8.3%
エネルギー・資源	0.0%	0.2%	0.5%	1.7%	2.1%
発電・再生可能エネルギー	0.0%	0.0%	0.3%	0.8%	1.3%
オルタナティブアセット合計	9.1%	32.5%	47.6%	50.0%	54.7%

(出所：CPPIB Financial Results 2019 Annual Report)

4　Canada Pension Plan Investment Board

けてポートフォリオ構築を行うことが必要になるだろう。

(2)　ビンテージ分散の推進

　様々な景気サイクルの中で，オルタナティブアセットにおいても，バリュエーションやキャッシュフローなどに関して，少なからず，その影響を受ける。例えば，景気拡大期であれば，業績成長期待から資金流入が活発化してリスクオン局面となり，バリュエーション上昇，スプレッド縮小，ドライパウダー（ファンドがまだ投資に回していない待機資金）増加，プラスのキャッシュフロー（分配＞コール）となる。一方，景気後退期であれば，業績悪化懸念から資金流入が鈍化してリスクオフ局面となり，バリュエーション下落，スプレッド拡大，ドライパウダー減少，マイナスのキャッシュフロー（分配＜コール）となる（**図表3-18**参照）。

　過去のサイクルをみてみると，2008年のグローバル金融危機時には景気後退でリスクオフ局面となったが，2009年以降は，景気底入れから景気拡大でリスクオン局面というサイクルに入った。その後，2019年頃には景気減速見通しからのバリュエーション調整が懸念されていたが，2020年のコロナショックによ

図表3-18　景気サイクルとオルタナティブアセット投資におけるサイクルの関係性

リスクオン
バリュエーション上昇，スプレッド縮小
ドライパウダー増加，プラスのキャッシュフロー（分配＞コール）

景気拡大
リスクオン

景気底入れ　　景気減速

景気後退
リスクオフ

リスクオフ
バリュエーション下落，スプレッド拡大
ドライパウダー減少，マイナスのキャッシュフロー（分配＜コール）

（出所：東京海上アセットマネジメント）

り，一気に景気後退でリスクオフ局面に入ったのである。

　それでは，様々な景気サイクルの中で，どのようなタイミングが投資スタートに最も適しているのだろうか。過去のパフォーマンスを振り返ってみると，市場が大きく調整した時（リスクオフ局面）が，結果的には投資開始のベストタイミングであったと，一般的にいえるのではなかろうか。例えば，米国のプライベートエクイティを例にして検証すると，2001年（IT バブル崩壊後）や2009年（グローバル金融危機後）のビンテージの IRR（内部収益率）は良好であり20％を超えている（逆に，市場が比較的活況であった時期である1997年や2006年のビンテージの IRR 水準は相対的に低くなっている）（**図表3－19参照**）。

　これは，プライベートエクイティの場合には，他のクローズド・エンド型のオルタナティブアセット戦略についても同様であるが，キャピタル・コール方式となるため，リスクオフ局面，つまりバリュエーションが低下した時に運用がスタートし，数年間かけてポートフォリオを構築し，その後，市場が回復してリスクオン局面になった時に投資先企業のイグジットを行うことができた結

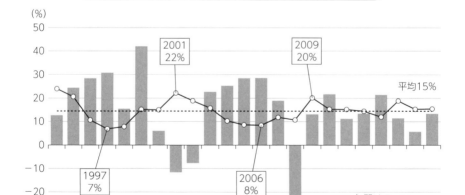

図表3－19　米国プライベートエクイティのパフォーマンス（年間リターンおよびIRR（ビンテージごと））

(出所：Cambridge US Private Equity (legacy definition) Index をもとに東京海上アセットマネジメント作成)

果が表れているといえる。

　しかしながら，実務的には，①そのようなタイミングがいつ訪れるのかは予測困難，②そのようなタイミングのみの投資にすると投資残高が安定しない（つまり収益額も安定しない），といった理由から，欧米の大手機関投資家は，投資タイミングを計ることよりも，いかに毎年コンスタントにコミットメントを行い，ビンテージを分散させ，残高を安定維持し，収益額を安定化させるかに比重を置いた投資行動をとっている。なお，上記の米国プライベートエクイティの例でも，当該期間の平均IRRは15％程度であり，仮にリスクオンの局面もリスクオフの局面も含めて毎年コミットしたとしても，相応のIRRの獲得が可能であったことがわかる（**図表3-19**参照）。

⑶　優良な運用者の選択

　これまで戦略分散とビンテージ分散が重要であることを述べてきたが，同じ戦略，同じ地域，同じビンテージであっても，運用者間でのパフォーマンス格差がみられる。**図表3-20**は，米国プライベートエクイティにおけるビンテージごとのパフォーマンス格差（上位四分位～下位四分位）を示したものであるが，おおむね10％以上の格差があることを確認できる（**図表3-20**における各

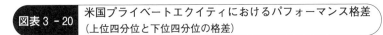

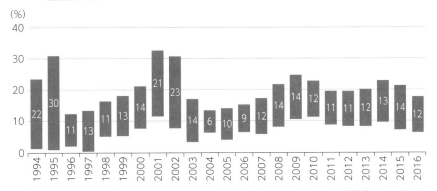

図表3-20　**米国プライベートエクイティにおけるパフォーマンス格差**
（上位四分位と下位四分位の格差）

(出所：Cambridge US Private Equity (legacy definition) Index をもとに東京海上アセットマネジメント作成)

棒線の長さ）。

　この格差が生じる背景としては，①伝統的運用とは異なり，投資後には投資先の本源的な価値を高めるように会社・資産をコントロールすることから，運用能力に差が出やすい点や，②伝統的運用のようなベンチマーク運用ではない点，が影響していると考えられる。

　このように，オルタナティブアセット戦略においてはパフォーマンス格差が大きいため，これまで述べてきたような「戦略分散の推進」や「ビンテージ分散の推進」に加えて，「優良な運用者の選択」というものが非常に重要となるのである。

第3節　オルタナティブアセットへの投資を実行

　ここまでの準備が整ったところで，いよいよ投資実行に移る。ここでは，実際のファンド選定からポートフォリオ構築に至るまで，具体的には，ファンド評価（運用評価，リスク評価）および投資判断について述べていきたい。

　伝統的運用のファンド評価においては，Philosophy（投資哲学），People（運用体制），Process（運用プロセス），Portfolio（ポートフォリオの形状），Performance（パフォーマンス）の5つのPが一般的に用いられている。

　これは，オルタナティブアセットの評価ポイントとしても十分に適用できるが，低流動性資産，プライベート市場，レバレッジの使用，ベンチマーク運用ではないクローズド・エンド型，ニッチな投資機会に特化した小規模なアセットマネジメント会社の存在など，伝統的運用とは異なるオルタナティブアセット戦略における特有な点も勘案すると，少し別の角度でのファンド評価およびモニタリングも必要になってくると考えられる。各戦略の「ファンド選定」のポイントについては，第4章および第5章第1節にて詳しく述べるが，以下にて共通となるポイントについて解説したい。

1　運用評価におけるポイントは

　運用評価とはリターンの源泉を見極めることである。「投資機会」が十分に存在し，そこでの「運用スキル」を有しており，さらには実行するのに必要十

分な「運用体制」を有していることがポイントとなる。それぞれの項目を評価
することは当然重要であるが，全体のバランスを勘案しつつ，それぞれを関連
づけて評価していくことが大切である（**図表3 - 21**参照）。

図表3 - 21　運用評価におけるポイント

投資機会	投資対象とする市場のトレンドとサイクルが，目先ではどうなのか，また中長期ではどうなのかを理解し，運用者の戦略との整合性を評価するもの。
運用スキル	様々な景気サイクルの中で，運用者が安定的に付加価値を生み出す能力があるのかを測るもの。過去の実績や経験等から計量的および定性的に分析するもの。
運用体制	投資機会に応じて運用を実行し，付加価値を上げるための運用体制が構築されているのか。ここには，オペレーション，リスク管理，システム，情報開示体制等も含む。

　これを「アルファ」と「ベータ」というワードを使って言い換えると，運用
者は，①魅力的な「投資機会（ベータ）」を見出しているのか，②十分な付加
価値を上げるための「運用スキル（アルファ）」を有するのか，③実際の運用
を実行し（ベータを確保する），運用成果を上げる（アルファを追求する）た
めに必要十分な「運用体制（ベータ＋アルファ）」が整っているのかを見極め
ることがポイントである（**図表3 - 22**参照）。

図表3 - 22　パフォーマンスの構成要素（イメージ図）

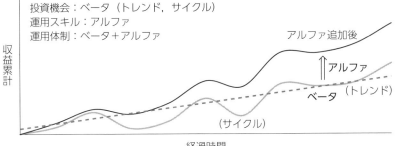

（出所：東京海上アセットマネジメント）

(1) 投資機会

　前段で述べたとおり，ファンド選択を経てのポートフォリオ構築においては，「優良な運用者の選択」や「ビンテージの分散（時間分散）」が重要となるため，サイクルのみに着目して，ファンドの選択や投資タイミングを過度に計ることはおすすめしないが，投資対象とする市場のトレンドとサイクル（ベータ）が，目先ではどうなのか，また中長期ではどうなのかを十分に理解した上で，運用面を評価していくことは，ファンド選択する上で重要になる。

　例えば，欧州不動産ファンドの運用者が，「e コマースの進展により産業（倉庫）セクターに投資機会を見出している」ということであれば，その結論に至った背景を確認し，運用者の投資機会に対する投資戦略や，運用スキル，運用体制との整合性についても分析していくことが重要となるのである。

　また，ファンドがこれからポートフォリオを構築するに際して，十分な投資パイプラインが確保されているのかも確認事項としては重要となる。さらに，市場の非効率が生じているニッチな投資機会を収益の源泉とするファンドであれば，なぜ，非効率性が存在するのか，どのような参入障壁があるのか，競合他社に対する優位性は何か，といった形で，運用スキルや運用体制とも関連づけながら，分析を進めていく必要がある。

(2) 運用スキル

　オルタナティブアセットの場合，長期投資が前提となり，投資期間中には様々な景気サイクルを経験するのであるが，その間，安定的な付加価値（アルファ）を生み出すことが期待できるのかを分析する必要がある。

　出発点は過去のパフォーマンスを分析することであり，そこから再現性を見極めるのが一般的なプロセスとなるが，単に表面的なパフォーマンスの数字のみを分析対象とするのではなく，その間の国別配分，セクター配分，個別案件配分，個別案件のパフォーマンス，レバレッジ，ファンド規模などの数字も時系列で分析することにより，アルファの源泉を測るとともに，過度なリスクをとっていなかったかどうかについても見極める必要がある。ここで，当時の投資機会（投資環境）や運用体制とも関連づけながら分析することが重要になる。

　また，定性面においては，運用者の経験，案件ソーシング，案件精査，バ

リューアップ，イグジットのプロセスがしっかりと確立されているか，他社との差別化が行われているのかなどを合わせて分析することが重要になる。

⑶　運用体制

投資機会が十分に存在し，その投資機会に対する運用スキルを十分に有しているとして，実際の運用を実行し（ベータを確保する），運用成果を上げる（アルファを追求する）ためには，やはり相応の運用体制が必要になる。

投資対象となる国やセクターに精通した運用部門の存在はもちろんであるが，オペレーション，リスク管理，システム，法務コンプライアンス，ディスクローズなどを含めた全社的な体制が整備されていることが，安定したリターンを上げ，投資家の満足度を高める上では必要不可欠になる。

また，スタッフの定着状況をみる上では，その会社に何年勤務しているのかを個別にみていくことに加え，会社に長く務めることのモティベーションを上げるためのインセンティブ体系などについても確認することが有効であろう。

2　リスク評価におけるポイントは

運用面での評価が優れていても，潜在的にどのようなリスクが発生するのか，それが発生する可能性や発生した場合のファンドへの影響度合い，さらには，運用者がそのようなリスクを回避するためにどのような方策をとっているのかを含めて分析することがリスク評価におけるポイントとなる。投資には常にリスクがつきものであるが，投資家ごとに異なるリスク許容度があり，それと照らし合わせて，ファンドが潜在的にさらされているリスクが何であるのか，それは受け入れ可能なものであるのかを事前にチェックする必要がある。

これらのリスクを測る上では，ファンドのバランスシートに関する情報を収集することからのスタートとなるだろう。例えば，①資産（アセット）であれば，どのような資産が組み入れられるのか，銘柄分散，セクター分散，地域分散の状況から流動性などについて，②負債（レバレッジ）であれば，借入先，返済期限，金利水準（固定・変動），コベナンツなどの内容であり，③資本（エクイティ）であれば，投資家の分布状況や解約条件，自己資金投資の量・比率などが該当する（**図表3-23参照**）。

図表3 - 23 ファンドのバランスシートの構造

ファンドのバランスシート	
資産（アセット） 未公開株，不動産，インフラなど	負債（レバレッジ） 借入金
	資本（エクイティ） 投資家資金（投資家持分） 自己資金

（出所：東京海上アセットマネジメント）

　まずは，これらの情報をそろえておき，その上で，値下がりリスク，ビジネス・リスク，資金回収リスクについての分析を行うことが効率的となるであろう（図表3 - 24参照）。なお，これからポートフォリオを構築するクローズド・エンド型ファンドの場合には，ポートフォリオの構築が完了するまでは分析の対象となるポートフォリオは存在しないものの，前号ファンドの状況や今回ファンドの運用計画，制約条件などから，想定されるリスクを測っていく必要がある。

図表3 - 24 リスク評価におけるポイント

値下がりリスク	大幅に下落するリスク。平常時のボラティリティを測ることは重要であるが，潜在的な大幅下落の可能性についても測ることが重要である。資産，負債，資本の内容とバランスをチェックすることで潜在的なリスクの所在と内容を見極める。
ビジネス・リスク	ビジネスの運営が困難となり，運用停止や運用体制の縮小に迫られるリスク。会社全体のコンティンジェンシー・プラン，運用資産や財務状況，ファンド募集（ファンド設立に際しての投資家資金の調達）の状況，顧客層など，ビジネスが安定的に推移しているのかを見極める必要がある。
資金回収リスク	資金回収が滞るリスク。クローズド・エンド型で運用期間が延長されたり，通常では四半期ごとに資金化可能なオープン・エンド型ファンドであっても，解約が大量に発生した場合，資金回収に長い時間を要したりすることがある。

(1) 値下がりリスク

　過去のパフォーマンス実績から通常時のボラティリティを測ることは重要であるが，過去のパフォーマンス実績には表れていない潜在的な大幅下落の可能

性について測ることが重要である。そのために，資産（アセット）と負債（レバレッジ）の内容およびバランスを精査することが必要になる。

　例えば，資産（アセット）は上位ポジションへの集中度合が非常に高く，また負債（レバレッジ）が極端に多いファンドであれば，上位数銘柄のパフォーマンスによって，レバレッジによる増幅効果もあり，ポートフォリオ全体のパフォーマンスは大きく影響を受けることとなり，仮に過去のパフォーマンス実績が高くて安定していたとしても，潜在的な大幅下落の可能性は非常に高いと見積る必要性が出てくるのである。

(2) ビジネス・リスク

　アセットマネジメント会社が何らかの理由によって運用停止に追い込まれた場合，仮にそれが一時的であっても，パフォーマンスには大きなマイナスの影響を与える。そのような状況になる要因としては，大規模災害，当局による業務停止命令などが考えられるが，そのようなリスクが潜在的に高い運用者への投資を回避するためには，コンティンジェンシー・プラン，法令遵守態勢（含む AML/KYC），利益相反，キーマンリスクなどを事前に詳しくチェックしておく必要がある。

　また，運用資産額が減少するなどの理由によりビジネス継続が困難になった場合には，アセットマネジメント会社の解散やファンド清算という事態が発生し，パフォーマンスへの影響が発生する可能性があるため，ファンドおよび会社全体の運用資産額，財務状況，ファンド募集の状況，顧客層など，将来的にわたってビジネスが安定的に推移していくのかを見極める必要がある。

　なお，運用停止にまでには至らないケースであっても，アセットマネジメント会社の収益が悪化した場合，コスト削減のために運用チーム縮小やシステム解約などが行われる可能性があり，やはり，パフォーマンスにはマイナスの影響を与えるので，そのようなリスクも避けなければならない。

(3) 資金回収リスク

　クローズド・エンド型の場合は，もともと途中換金できない仕組みになっているものの，市場環境が悪化した場合，組入れ銘柄の売却（利益の実現化）ま

でに当初の想定よりも時間を要し，ファンドの存続期間が延長されることにより，結果的に投資家にとっての資金回収が遅れることになる。また，オープン・エンド型においては，一般的に，数年間のロックアップ期間を過ぎれば，四半期ごとにファンドの解約ができるが，市場環境が大幅に悪化した場合などには解約請求が殺到し，解約制限が発動され，資金回収までの時間が通常よりも長くなることがある。

このようなリスクは，グローバル金融危機時のように，市場全体の流動性が枯渇するような局面になると，なかなか避けることが困難なリスクにはなるが，このようなリスクが顕在化することを可能な限り回避するためにも，ファンドのバランスシートをチェックし，①資産（アセット）の流動性と資本（エクイティ）の解約条件にミスマッチがないか，②過度な負債（レバレッジ）となっていないか，③特定の銘柄に対して過大な配分となっていないかについて，よく確認しておくことが必要であろう。

3　投資判断における最終チェックポイントは

ここまで，運用評価とリスク評価について述べてきたが，投資判断を行うにあたっては，以下の点を最終チェックする必要がある。もし1点でも不十分と思われる点があれば，その投資については完全に見送るか，時間をおいて改善が実施されるのを待ってからの再検討が妥当であろう（**図表3 - 25参照**）。

図表3 - 25　投資判断における最終チェックポイント

運用評価とリスク評価のバランス	運用面とリスク面の両方について，最終的には，そのバランスを鑑みて，総合評価とする必要がある。例えば，運用面の評価が高かったとしてもリスク面での評価が低ければ投資対象とはならない。
ポートフォリオへの適合性	総合評価として優れたファンドであった場合においても，今回の投資によって，ポートフォリオ全体の課題が克服できるのか（あるいは課題が緩和されるのか）を確認しなければならない。
十分な情報開示	十分なモニタリングを継続する上では，投資開始前に入手した情報・データが，投資後も定期的に入手することが必要不可欠であり，そのことが可能であるのかを確認しなければならない。

(1)　運用評価とリスク評価のバランス

　運用面およびリスク面での評価方法についてみてきたが，最終段階ではそのバランスを鑑みて，総合評価とすることが重要となる。

　例えば，コア型不動産ファンドについて，運用面での評価は非常に高く，過去のトラックレコードも良好だったとしても，リスク面の評価では，レバレッジが高いために潜在的な値下がりリスクが高いというケースや，運用面の評価では運用体制は十分に整っているが，リスク面の評価では，その体制を維持するだけに十分な収益の原資（AUM）がないためにビジネス・リスクが高いケース，また，投資している資産に対してファンドの解約条件が緩いために資金回収リスクが高いケースなど，運用面とリスク面の両方を見た上で総合評価を行うことが必要である。

(2)　ポートフォリオへの適合性

　運用方針策定における目標設定のところで，「課題を明確にして，そもそも何のためにオルタナティブアセット戦略を採用するのかを考える」と述べてきたが，「優良な運用者（ファンド）の選択」が達成できたとしても，今回の投資によって投資家固有の課題が克服ないしは緩和できないのであれば，そもそも投資する意味がなくなってしまう。また，「戦略分散の推進」，「ビンテージ分散の推進」がポートフォリオ構築上でのポイントになると述べてきたが，今回の投資が，これらのポイントを満たすものであるのかを最終チェックする必要がある。仮に非常に優良な運用者（ファンド）という評価であっても，組み入れることによって，逆に，戦略の集中度が高まる，ビンテージの集中度が高まる，という結果につながるのであれば，ポートフォリオへの適合性は低い投資となるので再検討が必要となろう。

(3)　十分な情報開示

　ファンドの評価を行う過程で，様々な情報を運用者から入手し，それらをベースにして運用面およびリスク面での評価を固め，投資判断を行うのであるが，投資後は，運用状況をモニタリングし，投資時の評価と変わらない（ないしは改善している）ことを定期的に確認していくことが重要である。そのため

には，投資後においても，投資時に入手した情報に関してアップデートされたものを確実に受領していく必要があり，情報開示について，運用者に対しての最終確認（場合によっては情報提供に関するサイドレターを締結）を行った上で，投資判断を行わなければならない。

(4) モニタリング

これまで，ファンド評価から投資判断に至るまでのこと，つまり投資までのプロセスについて解説してきたが，投資後のプロセスとなるモニタリングについても最後に述べたい。

投資前のファンド評価におけるポイントとして，運用面，リスク面の両面から解説してきたが，これらは，そのままモニタリングにおけるポイントとなる。実際のプロセスとしては，投資前の投資判断を行う際に評価シートを作成しておき，投資後は，それに対して変化がないか（あるいは改善しているか）を確認し，定期的に評価シートを更新していくことが一般的といえるであろう。そのためにも，上記で述べてきた「十分な情報開示」が必要不可欠となり，それが得られない場合には，十分なモニタリングができないため，そもそもの投資対象として不適格となるのである。

それでは，なぜモニタリングが必要なのだろうか。運用状況を把握しておくことは投資担当者の役割であり，責任ともなるので，モニタリングが必要であることはいうまでもない。また，ファンドの運用者は，①ファンド運用期間の変更，②ガイドライン変更，③キーマン変更，などの際，投資家の同意が必要となるが，このような場面において，投資家は，「同意」，「不同意」を的確に判断していくため，日頃からしっかりとファンドをモニタリングする必要がある。

別の大きな理由としては，やはり，リバランスの判断には日頃のモニタリングが必要であるという点だろう。投資するタイミングにおいては優良なファンドであったとしても，時間の経過とともに，運用者自身の変化といった内部要因，あるいは環境変化，競合先変化といった外部要因によって，相対的な運用者（ファンド）の魅力度は変化するものである。もし，運用面，リスク面での評価が劣化してきた場合には，当然のことながら，より優れたファンドへの入

れ替えを検討すべきであるとなる。

　しかしながら，ヘッジファンドやオープン・エンド型の不動産ファンドやインフラストラクチャー・ファンドであれば，定期的な売却タイミングが存在するため，ファンドの売却や入替えも可能となるが，多くのオルタナティブアセットで採用されているクローズド・エンド型の場合，途中解約不可となっている。それでもモニタリングが必要なのだろうか。その答えは「イエス」である。

　クローズド・エンド型の場合，運用開始から数年かけてのポートフォリオ構築がある程度進み，回収も少しずつ始まる段階になると，次号ファンドの募集が開始される。投資家は，その時点で，①次号ファンドに再投資（リアップ）して投資残高を維持するのか，②さらに投資金額を増やして残高を増やすのか，③再投資をせず，回収によって残高が徐々に減少することを許容するのかを検討するが，実質的にそれは，Hold，Buy，Sell の判断をすることと同様になるため，やはり，モニタリングが重要になるのである。

　オルタナティブアセット投資の姿勢については，「wade into water（浅瀬からゆっくりと水に入っていく）」が大事であるとの言葉がある。特に，投資家にとって新しい戦略であり，また，当該運用者のファンドへの投資が初めてである場合，最初は少額投資から始め，投資家としてのモニタリングを通じて，戦略と運用者に対する確信度を徐々に高めていき，それに応じて投資金額も段階的に増やしていくということがオルタナティブアセット投資における定石といえよう。

第4節　さらなるオルタナティブアセット投資の発展に向けて

　オルタナティブアセット投資には，運用者，投資家，アドバイザー（ゲートキーパー，コンサルタント）という異なる立場の参加者が存在するが，これら参加者の共通のゴールは，「オルタナティブアセット投資の発展による，それぞれの立場での利益の享受」ということになるだろう。いずれかの参加者だけが利益を享受する形（例えば，運用者だけが儲かる）ではオルタナティブアセット投資の発展は持続的なものにはならず，お互いが牽制しつつも協力する

ことによって，量的および質的な成長を図っていくという構図を維持・発展させていくことが重要になるだろう。

そこで，さらなるオルタナティブアセット投資のさらなる発展に向けて，それぞれの参加者における課題について考えてみたい。

1　運用者

投資家やアドバイザーがデューデリジェンスを進めていく過程において，「十分な情報開示」を行うことが求められており，きちんと対応していくことが選ばれるためには重要になる。そして，その過程において，「投資家ニーズの理解」，つまり，投資家の期待リターンとリスク許容度をしっかりと把握し，判断できる材料を投資家に対してプロアクティブに提供することが大切であろう。

受託者責任という観点で考えてみても，もし，投資家の期待リターンや許容リスクに自らの運用商品が合致していないと判断される場合には，受託する前に，その旨を投資家側に伝えることも重要な役割となろう。また，投資家向けのプレゼンテーション資料では，アピールポイントの記載が中心となることは致し方ないものの，潜在的なリスクと対処法について，より多くの記載があってもよいように思われる（**図表3-26**参照）。

期待リターンに対して，どのようなリスクを，なぜとっているのか，そのリスクを低減させるための対処法は何かについて，導入の段階から投資家と活発なディスカッションすることが，結果的に投資家によるデューデリジェンスを効率化させ，また，潜在的なリスクが顕在化した場合，「こんなはずではなかった」と投資家を落胆させることがなくなるであろう。

図表3-26　運用者における課題

十分な情報開示	投資家の情報開示要求に対して真摯に対応する。きちんと対応していくことが，選ばれるためには重要である。
投資家ニーズの理解	投資家のオルタナティブアセット採用目的とリスク許容度をしっかりと把握し，自らの運用商品と投資家ニーズが合致しているかを確認することが重要である。
リスクと対処法の明確化	目論見書等には詳しくリスク項目が列挙されているものの，投資家が最初に目にするプレゼンテーションにおいてもリスクと対処法を明確化することが重要である。

2　投資家

　投資家がオルタナティブアセット戦略への投資を検討する際，しばしば議論となるのが「次世代への引継ぎ」である。特に低流動性資産の場合，「自分の代では特に問題ないとしても，将来的な引継ぎのことも考えると，自分の任期中に資金化できないものについては，取組みを躊躇してしまう」といった話も聞かれる。確かに，オルタナティブアセット戦略の場合には，長期投資が前提となるため，次世代への引継ぎもセットで考えていかなければならないということは自明であろう。

　一方，「定期的な人事ローテーションも想定し，安定的な運用を継続できるようにするという面からも，ゲートキーパーやコンサルタントを採用している」といった話も聞かれるが，このように社内リソースだけではなく，社外リソースを活用することも有効な手段になりうると思われる。さらには，オルタナティブアセット戦略の特性を勘案して，「長期の投資計画」を立てることが必要，「戦略分散の推進」には時間を要する，という点も合わせて考えると，長期安定的な体制づくりということが重要なポイントになってくると思われる（**図表3－27**参照）。

図表3－27　投資家における課題

次世代への引継ぎ	記録の保管，メンバー教育（OJTプログラム），ゲートキーパーやコンサルの採用検討を行い，将来においても安定的な運営が可能な体制づくりを行う。
長期の投資計画	オルタナティブアセットは長期投資が前提となるため，長期計画に基づき，段階的に進めていく必要がある（時間分散効果にも配慮する）。
戦略分散の推進	オルタナティブアセットを導入することで分散効果を最大限に享受するためには，時間をかけて複数のオルタナティブアセット戦略に分散することが重要になってくる。

3　ゲートキーパー

　オルタナティブアセット戦略に関する専門性を生かし，運用の目標設定から始まり，ファンド選択，ポートフォリオ構築，モニタリング，レポーティング

まで，一貫したサービスを提供するのがゲートキーパーの役割であり，投資家から，頼りになる投資パートナーとしての信頼を得ることが存在意義となる。投資家がゲートキーパーに求めるのは，当然のことではあるが，「投資家サイドに立つ」ということである。実際に，投資家からも，「専門性はもちろんのことだが，それと同等に重要なのは，投資家サイドに立っているかどうかである」といったことがよく聞かれる。

図表3－28　ゲートキーパーにおける課題

投資家サイドに立つ	専門性を生かした，一貫したサービス提供に加え，投資家のサイドに立った対応を必須とし，投資家から真に信頼される投資パートナーになることを目指す。
ベスト・ソリューション	単一のオルタナティブアセット戦略（あるいは単一のファンド）を組み入れるだけではなく，オルタナティブアセット戦略全体に対する運用サービスの提供が必要である。
トータル・ソリューション	オルタナティブアセット戦略に限定することなく，伝統的資産も含めたポートフォリオ全体に対する運用サービス（含む統合リスク管理）の提供が必要になってくる。

　また，本来の戦略分散効果を投資家に享受してもらうためには，単一のオルタナティブアセット戦略（あるいは単一のファンド）を組み入れただけの運用サービスだけではなく，オルタナティブアセット戦略全体に対する運用サービス（「ベスト・ソリューション」）の提供が必要であり，さらには，オルタナティブアセット戦略に限定することなく，伝統的資産も含めたポートフォリオ全体に対する運用サービス（「トータル・ソリューション」）を提供することが将来的に目指すべき方向性となっていくことであろう（**図表3－28参照**）。

（執筆担当：濱　康彦）

第 **4** 章

注目される低流動性資産

オルタナティブアセットの各戦略は，それぞれユニークなサブ戦略，収益構造となっており，この多様性こそがオルタナティブアセットの分散効果を生み出し，オルタナティブアセットの最大の魅力となっているといえるのではなかろうか。前章では，オルタナティブアセット全般について述べてきたが，この章では，各戦略の「概要」と「特徴」を明らかにすることに加え，それらを踏まえた，各戦略特有の「ファンド選定のポイント」について解説したい。

第1節 | プライベートエクイティ

プライベートエクイティ投資とは，主に未上場企業の株式（優先株，債券，ローンも含む）に投資し，投資先の企業価値の向上を働きかけることによってリターンを獲得する投資のことである。株式の保有を通じて投資先の収益構造の改善，ROE の向上，成長戦略の推進補助など，企業の本源的な価値を高めるように経営をコントロールするところに大きな付加価値の源泉がある。プライベートエクイティ投資は，欧米では年金基金の有力な投資分野で，1990年代前半から本格的に採用され，欧米の有力年金基金では，5～10％をプライベートエクイティ投資に資産配分している。

1 プライベートエクイティ投資戦略の概要

(1) サブ戦略の種類

　プライベートエクイティ投資は，創業初期から拡大成長期，成熟期，経営不振や経営の再構築を必要とする衰退期等，企業の様々なライフサイクルに合った形で投資を行うことで企業をサポートしている。企業の発展段階によって分類される代表的な戦略は，「ベンチャー・キャピタル」，「バイアウト」，「企業再生（不良債権）」が挙げられる。

図表 4 - 1　サブ戦略の種類

ベンチャー・キャピタル	企業が創業間もない時期や拡大成長のための資金供給を行う戦略である。主に投資先企業の株式公開・上場後に株式を売却することで資金回収がなされる。企業の初期段階からの投資となるため，ハイリスク・ハイリターンの傾向がある。
バイアウト	企業の成熟化段階でとられる戦略である。キャッシュフローが比較的安定している企業の株式や，大企業の事業部門を切り出して取得した上で，経営に深く関与して企業価値を高めた後，売却して利益を得る。プライベートエクイティ投資の中心的な戦略となっている。
企業再生（不良債権）	債務や業績に問題がある企業の債権やローンを回収可能想定額よりも低い価格で買い取り，債務リストラや事業再生を図った上で資金回収を図る戦略である。事業再生を行うバイアウトに近いものから，不良債権化してしまった債権を中心に投資して債務リストラの過程で回収，売却を行うものまで，様々な種類が存在する。

(2) 収益構造

　サブ戦略ごとにアプローチはユニークであるが，共通していえるのは，運用者は，「変化」が期待できる企業を見出し，「妥当な価格・仕組みで投資」し，「経営陣と協調して戦略を立案」する。投資後も経営陣をサポートして，その「変化を顕在化」させ，投資後2〜5年で「収益化」していくというものである。

図表 4 - 2　サブ戦略ごとの収益構造

サブ戦略	変化の顕在化	収益化
ベンチャー・キャピタル	技術，製造，マーケティング，IR，業務提携，人材獲得	売上増大，黒字化，上場
バイアウト	株主価値増大目標の導入，業務効率化，グローバル展開，M&Aによる事業拡大，事業定義見直し，成長資金提供	売上・キャッシュフロー増大，債務返済，買い手にとって魅力的な企業への進化，上場
企業再生（不良債権）	バランスシートのクリーンアップ，信用力供与，業務改善，成長資金提供	売上・利益の安定化・成長，債務の大幅カット

(3) 投資手法

　主要な投資手法は「プライマリー投資」になるが，Ｊカーブ効果が緩和される「セカンダリー投資」や，有力な投資案件に直接投資を行うことでパフォーマンスの向上が期待できる「共同投資」もあり，投資家のニーズに合わせた手法の選択あるいは組み合わせが可能となっている。

図表 4 - 3　投資手法の種類と特徴

プライマリー投資	新規に組成されたファンドに対して投資を行う戦略である。投資開始後2〜3年は損益がマイナスになる傾向がある（Ｊカーブ効果）。プライベート・エクイティ・ファンドの募集のおよそはプライマリー投資が占めている。
セカンダリー投資	主に発行済のプライベート・エクイティ・ファンドの投資家出資持分を買い取る戦略である。ある程度完成された段階のポートフォリオに投資を行うため，①Ｊカーブ効果が緩和されること，②すでに一定の年数を経過しているため早期に資金が回収できること，③市況次第ではディスカウント価格で買い取ることができること，が期待できる。
共同投資	プライベート・エクイティ・ファンドの投資先について，プライベート・エクイティ・ファンドと共同で投資する手法である。有力な投資案件に直接投資を行うことでパフォーマンスの向上が期待できることや，フィーを削減する手段ともなる。

2　プライベートエクイティ投資戦略の特徴

　プライベートエクイティ戦略はオルタナティブアセット戦略の中でも主要な

図表4-4　特徴（魅力とリスク特性）

魅力	
優れたリターン	大株主の立場から投資先企業に必要な「変化」を特定し、「変化」遂行をサポートし、変化達成に伴う収益を享受することを目的とする。そのため、上場株投資を上回るリターンを期待できる。
投資機会の拡大	未上場企業を投資対象とすることで、様々な規模の企業への投資が可能となり、投資機会が大幅に拡大する。また、上場株式投資ではカバーされない発展段階にある企業へのアクセスも可能となる。
分散効果	上場株式や他の資産と異なる収益源泉を有するプライベートエクイティ投資を通じて収益機会の分散を図ることで、一定の分散効果を期待することが可能である。
リスク特性	
低い流動性	ファンド持ち分の二次流通市場は存在するが、純資産価格に対してディスカウントを受け入れない限り売買が成立しないケースがある。また、解約・償還請求を行うことはできない。
長期投資	投資期間中に分配は行われるものの、一般的にファンドの存続は15年以上となることから、上述の流動性の低さも伴い、長期的に資金が固定される。
運用者リスク	企業の変化達成が価値の源泉となることから、運用者の能力によってパフォーマンスに大きな差異が生じる可能性がある。
純資産価値の評価	ファンド持分の純資産額は、公開市場で決定されるのではなく、運用者もしくは管理会社が算出する金額をベースに算出されるため、実際の取引価格と乖離する可能性がある。また、海外のファンドの評価は主として外貨建てとなる。

部分であり、欧米の主要機関投資家においては、独立した資産クラスとして認知されている。その背景にあるのは、「優れたリターン」、「投資機会の拡大」、「分散効果」といった魅力の存在である。一方、いくつかプライベートエクイティ戦略に特有のリスク特性も存在するため、投資家は、それらの点を十分に理解することが必要になる。

3　プライベート・エクイティ・ファンド選定のポイント

運用者が投資対象とする非上場企業数は上場企業よりはるかに多く、幅広いため、選択する銘柄によってパフォーマンスの格差も大きくなる。また、投資対象の「変化」が付加価値の源泉となることから、運用者の実力による成果の差も大きくなる。そのため、「運用哲学・運用戦略・運用プロセス」が確立さ

図表4 - 5　ファンド選定のポイント

運用哲学・運用戦略・運用プロセス	いわゆるブラインドプール（投資案件がまだ確定していない段階で，投資家が投資額を先に確約し，案件取得実行時に順次資金を拠出するもの）に対する投資となることから，リターンの再現性を確保するためにも，運用者には，一貫した運用哲学に沿った運用戦略の実行が望まれる。そのため，投資家は，運用者の運用哲学や運用戦略を十分に理解した上で，実際の運用プロセスにおいて，それが適切に実行されているのかを見定める必要がある。また，その運用哲学や投資戦略が，今後のマーケットの環境においても有効なものであるかどうかについても検証が必要となる。
トラックレコード	投資家は，ビンテージ別のピア比較等によって，運用者のパフォーマンスを評価することからスタートするが，非常に高いリスクをとった結果の高いパフォーマンスであった可能性などもあるため，パフォーマンスの要因（企業の本源的な価値増大，レバレッジ効果，評価倍率の改善など），ポートフォリオの分散状況，具体的な投資行動など，詳細にパフォーマンスの質を分析した上で評価を固めていく必要がある。長期にわたる投資となることから，投資期間中の景気変動の可能性も勘案し，様々な景気環境を経験し，その中で良質なトラックレコードを上げてきた運用者を選別していく必要がある。
運用体制	良好なパフォーマンスを上げ続けていくためには，①魅力的な案件にアクセスするためのネットワーク，②豊富な経験，③チームの安定性，が必要不可欠である。そのため，投資家は，これらの点について確認を行い，リターンの再現性が見込めるか，という点について見極めていくことが重要となる。
契約内容・開示姿勢	契約内容には，固定報酬，成功報酬，キーマン条項，ファンドストラクチャー，分配，キャピタル・コール，ファンド期限など様々な項目が含まれている。投資家は，不利な契約になってはいないかについて，入念に確認する必要がある。また，情報開示姿勢についても重要なポイントであり，投資後には，どのような情報が開示されるのか，その内容は，ファンドの運用状況を把握するために十分な内容であるのかを確認してから投資決定をしなければならない。

れており，優れた「トラックレコード」と「運用体制」を持ち合わせていることが，ファンド選定における重要なポイントとなる。

また，「契約内容や開示姿勢」についても重要なチェックポイントとなる。

（執筆担当：髙田創一，遠藤章弘，濵　康彦）

第2節 | 海外不動産

　不動産投資とは，オフィス，商業施設，産業施設，集合住宅などの商業用不動産に投資し，家賃収入を源泉とするインカムゲインや，資産価値向上によるキャピタルゲインなどの獲得を目指すものである。投資対象としてみた場合には，相対的に厚いインカム，ポートフォリオの分散効果，相対的に低いボラティリティといった魅力を持ち合わせており，これまでも多くの投資家によって受け入れられてきたオルタナティブアセット戦略の1つである。なお，サブ戦略によって収益構造などが異なるため，投資家は，ニーズに合わせて様々な選択肢から選ぶ，あるいは組み合わせることが可能となっている[1]。

1　海外不動産投資戦略の概要

(1)　サブ戦略の種類

　一般的に，「コア／コアプラス」，「バリューアッド」，「オポチュニスティック」，「デット」に分けることができるが，それぞれ，運用アプローチ，運用目標，レバレッジの水準，ファンド形態が異なるため，投資家は，それぞれの投資ニーズに合ったサブ戦略の選択が可能となっている。

図表 4 - 6　サブ戦略の種類

コア／コアプラス	コア戦略は，テナントからの賃料収入等をベースに安定的なインカムゲインを狙う戦略。コアプラス戦略は，一部にはキャピタルゲインを狙う投資。レバレッジは相対的に低め。オープン・エンド型が主流。
バリューアッド	大規模修繕，テナント入替等によって物件の収益力向上によるキャピタルゲインを狙う戦略。レバレッジは相対的に高め。クローズド・エンド型が主流。
オポチュニスティック	上場REITの非上場化，ポートフォリオ・ディールや不良債権の取得等，何らかの問題があって割安になっている物件や債権を取得し，当該問題を解決することで大きなキャピタルゲインを狙う戦略。レバレッジは相対的に高め。クローズド・エンド型が主流。
デット	エクイティよりも優先して，定められた条件でのリターンを獲得できるシニアデットやメザニンへの投資を通じて，インカムゲインを狙う戦略。

1　国内不動産投資に関する新たな試みについては，第8章で詳述する。

(2)　収益構造

収益の種類としては，賃料収入をベースとした「インカムゲイン」と，営業純利益（NOI）の増加やキャップレートの低下によりもたらされる「キャピタルゲイン」がある。サブ戦略ごとに収益構造は異なり，コア／コアプラス戦略ではインカムゲインが，バリューアッド，オポチュニスティック戦略では，キャピタルゲインが主な収益の源泉となっている。

図表4-7　収益構造

インカムゲイン	投資先不動産のテナントが支払う賃料から，物件管理費，水道光熱費，修繕費，公租公課，ファンド運用報酬等を控除した残りが，インカムゲインとして投資家へ配当される。
キャピタルゲイン	純収益（NOI[※1]）の増加もしくはキャップレート[※2]（割引率）の低下によりもたらされる。NOIの増加要因としては，①稼働率の上昇，②賃料水準の上昇，③物件管理費等のコスト削減が挙げられる。一方，キャップレートの低下要因としては，①金利水準の低下，②不動産リスクプレミアムの低下，③物件の現況の改善（大規模修繕等による管理状況の改善，テナントクレジットの改善，都市計画等による立地の改善，物件の知名度アップなど）が挙げられる。

（※1）　NOI（Net Operating Income）：賃料から，実際に発生した諸経費（管理費，保険料，税金等）を控除した純収益。減価償却費，支払利息，修繕費等を控除する前の事業によって生み出される純粋なキャッシュフロー（第8章参照）。

（※2）　キャップレート（Capitalization Rate）還元利回りといわれるもので，不動産から生み出される純収益から不動産価格を求める際に用いられる利回りで，「純収益÷キャップレート＝不動産価格」として表されるのが一般的（第8章参照）。

(3)　セクター

「オフィス」，「商業施設」，「産業施設」，「集合住宅」が主要セクターであるが，それ以外の，ホテル，ヘルスケア施設，個人用倉庫なども含めて，セクターの多様化が進んでいる。なお，同じ不動産であっても，セクター（用途）が違え

図表4-8　セクターと影響を受ける要因

オフィス	企業が入居する賃貸ビルなど。企業業績の影響を受ける。
商業施設	商業店舗が入居するショッピング・センターなど。個人消費の影響を受ける。
産業施設	在庫を保管する物流倉庫など。貿易量やeコマースの影響を受ける。
集合住宅	個人が入居する賃貸マンションなど。個人の賃金水準の影響を受ける。

ばテナントの種類の違いから影響を受ける要因が異なるため，セクター分散は不動産投資においてリスク分散の有効な手段となる。

2　海外不動産投資戦略の特徴

不動産投資においては，「相対的に厚いインカム」，「ポートフォリオの分散効果」，「相対的に低いボラティリティ」といった魅力があるが，一方で，不動産特有のリスク特性もあることから，投資家は，それらを踏まえての投資判断を行っていく必要がある。

図表 4 - 9　特徴（魅力とリスク特性）

魅力	
相対的に厚いインカム	金融危機の前後においても，不動産投資のインカムリターンはプラスを維持していた。不動産投資のリターンを長期でみると，リターンの大宗はインカムで占められていることがわかる。
ポートフォリオの分散効果	伝統4資産との相関が低いことから，ポートフォリオに不動産ファンドを組み込むことで，リスク抑制が期待できる。不動産ファンドを一定割合組み入れることで，効率的フロンティアは改善する。
相対的に低いボラティリティ	不動産は，債券と株式の中間程度のミドルリスク・ミドルリターンの特性を持つといわれる。上場REITや株式と比較すると，不動産ファンドのリスク対比リターンは良好である。
リスク特性	
人口動態 （長期的要因）	人口が増加している国や都市における不動産の価値は長期的に上昇し，減少している国や都市の不動産の価値は下落していく。そのインパクトは，資本市場のサイクル等と比べると緩やかだが，10年を超える投資には少なからず影響を与えるため，留意が必要である。
技術革新，志向変化，都市計画動向等 （中期的要因）	①技術革新による魅力度の変化（eコマースの普及により，商業施設での売上がオンラインでの売上にシフトしたことで，商業セクターの魅力度低下など），②環境変化や人々の志向の変化（オフィスのフリーアクセス化や在宅勤務，サテライトオフィス設置による優良オフィスの基準の変化など），③都市計画の動向（新たな鉄道敷設や鉄道ターミナルの開業で，街の重心がシフトしてしまう可能性など）。
不動産市場のサイクル （短期的要因）	不動産は，他資産との相関が比較的低いアセットクラスとはいえ，資本市場の動向に影響を受けて，おおよそ7～8年のサイクルで価格が変動する。この不動産市場のサイクルによる価格変動が，他の要因に比べて最も急で変動幅も大きく，かつトレンドの予測は困難なことが多い。

3　海外不動産ファンド選定のポイント

投資家は，運用者が持続力のある競合優位性を有しているのかを見極める必要がある。そのため，**図表4 - 10**に示されるような，「物件の購入・売却」,「物件の運営力」,「地域とセクターの分散」などのポイントにつき，強み（Strength），弱み（Weakness），投資機会（Opportunity），脅威（Threat）の角度から分析と評価を行うことが重要となる。

図表4 - 10　ファンド選定のポイント

物件の購入・売却	運用者は，それぞれの運用目標に適合した優良な個別物件を適切なタイミングと価格で購入（または売却）することが，パフォーマンスを向上させる上で重要となる。そのため，投資家は，運用者の過去実績から，物件の購入・売却における能力を評価して行くことが重要となる。また，同一の地域やセクターであっても，物件ごとの個別性が強いことから，物件の分散は必要となるため，運用者がどのように物件の分散を行い，ポートフォリオを構築してきたのかを見定める必要があるだろう。
物件の運営力	物件の購入後は，その後の賃料設定や稼働率によって，個別物件から生み出される収益に差が出てくる。また，バリューアッド戦略であれば，大規模修繕，テナント入替等によって，どのように物件の収益力向上を図ってきたのかが重要なポイントとなる。そのため，投資家は，運用者の過去実績等から運営力を評価していくことが重要となる。
地域とセクターの分散	地域やセクターによってリターンのバラつきは大きくなるため，どんな優良な運用者であっても，投資対象とする地域やセクターのファンダメンタルズが弱ければ，高いリターンを期待できないのである。そのため，投資家は，個別ファンドの選定に入る前に，まず，既存の不動産ポートフォリオ全体における，地域やセクターアロケーションの再点検をすることが望ましい。あるいは，高いアロケーション能力を有するグローバル分散型の運用者あるいはゲートキーパーを選別することが重要となる。

なお，強みや投資機会に関する情報は運用者から比較的入手しやすいが，弱みや脅威に関する情報の入手は困難を伴うため，特に入念な調査が必要となる。

（執筆担当：川野真治，濱　康彦）

第3節 インフラストラクチャー

　インフラとは，地域社会や経済全般のニーズを満たすための基本的なサービスを提供する運営基盤のことで，長期的な利用を目的とした資産／事業である。また，投資対象としてみた場合には，長期安定的なキャッシュフロー，インフレ耐性，他資産との低相関といった魅力を持ち合わせており，比較的新しい投資対象資産ではあるものの，多くの投資家から注目されているオルタナティブアセット戦略の１つである。なお，サブ戦略，収益構造，投資手法，セクター，事業段階などによって特性が多様化しており，投資家は，ニーズに合わせて様々な選択肢から選ぶ，あるいは組み合わせることが可能となっている。

1　インフラストラクチャー投資戦略の概要

(1)　サブ戦略の種類

　投資戦略には様々なタイプがあり，それぞれ運用目標，投資対象とする資産のタイプやリターンの源泉が異なる。そのため，投資家は，ニーズに合った戦略を選択することができる。

図表4－11　サブ戦略の種類

コア／コアプラス	成熟した稼働資産や規制対象資産等への投資を通じて，安定的なインカムリターンを狙う戦略。なお，コアプラス戦略については，一部キャピタルゲインも狙う。
バリューアッド	バリューアップの余地のあるインフラ資産への投資を通じて，収益拡大・資産価値の上昇によるキャピタルゲインを狙う戦略。
オポチュニスティック	市場リスクをとる資産，新興国への投資などを通じて，キャピタルゲインを積極的に狙う戦略。
デット	エクイティよりも優先して，定められた条件でのリターンを獲得できるシニアデットやメザニンへの投資を通じて，ローリスク・ローリターンを狙う戦略。

(2)　収益構造

　インフラ資産には様々なタイプの収益構造があり，同一セクターの資産であっても，国ごとの規制や資産ごとの契約内容によって収益構造は異なる。大きくは，下記のようなタイプに分類することができるが，それぞれ，規制や契

約内容，リスク要因が異なる。また，**図表4-12**では，一般的に，下にいくほど収益変動の可能性が大きくなる。

図表4-12　タイプ別の収益構造

タイプ	セクター例	規制・契約内容など	リスク要因
アベイラビリティ	社会インフラ	資産がアベイラブル（利用可能）な状況であれば，実際の稼働率に関係なく一定の収益を受領	国・地方の財務健全性
規制収入	公益事業	規制当局が定める規制収入（資本的支出＋運営経費＋適正利益）を受領	規制変更
契約収入	再生可能エネルギー	契約相手との契約に基づく収益を受領 （例）　テイク・オア・ペイ契約[※]，固定＋変動収入の契約など	契約変更
需要ベース	空港，港湾，有料道路	交通量・利用料による収入を受領 （例）　単価×取引量	需要変動
市場競争原理	商業電力	その時々の市場競争原理により成立する取引収入を受領	市場需給

（※）　テイク・オア・ペイ契約：契約量の全量を無条件で買い取る契約

(3)　投資手法

　機関投資家がインフラ資産へ投資する場合，「プライマリー投資」が一般的であるが，その他に「セカンダリー投資」や「共同投資」といった手法があり，これらを組み合わせることで，Jカーブの縮小，コスト削減，投資の迅速化，資本の早期回収を期待することができる。また，複数のファンドおよび戦略へ分散投資するファンド・オブ・ファンズも存在するため，投資家はニーズに合った投資手法を選択することが可能となっている。

図表4-13　投資手法の種類

プライマリー投資	ファンドへの投資を通じてインフラ資産へ投資するもの。通常，10－20程度のインフラ資産への分散投資が行われる。
セカンダリー投資	すでに運用が行われているファンドをセカンダリーで購入するもの。ディスカウントでの投資，投資資金の早期回収，ブラインドリスク（どの資産・事業に投資するか決まっていないリスク）の低減が期待できる。
共同投資	GPと共同でインフラ資産へ共同投資するもの。Jカーブの縮小，コストの削減，投資の迅速化，投資資本の早期回収が期待できる。

⑷　セクター

　大きく分けると，「経済インフラ」と「社会インフラ」に分類できる。経済インフラは，利用者から徴収する料金・使用料が収益の源泉になっている事業／資産，社会インフラは，政府や地方公共団体等との契約によって生じるキャッシュフローが収益の源泉となる事業／資産である。なお，同じセクターであっても，規制・契約内容，事業段階，資産の所属国などによってリスクが異なってくる点には留意が必要である。複数のセクターに投資する分散型ファンドのほか，特定のセクターにフォーカスする特化型ファンドも存在する。

図表4-14　主なセクター

経済インフラ				社会インフラ
輸送	エネルギー	電力／公益	通信	PPP等
有料道路 港湾・空港 鉄道 駐車場	ミッド・ストリーム 地域熱供給 貯蔵施設	発電所 再生可能エネルギー 上下水道 産廃処理施設	通信塔 光ファイバー データセンター	学校 病院 刑務所 官公庁施設

⑸　事業段階

　事業のどの段階で投資するか，という観点から，「グリーンフィールド（開発・建設段階での投資）」と「ブラウンフィールド（開発完了後の運営段階での投資）」の2つに分けることができ，いずれに投資するかにより，想定キャッシュフロー，リターンの源泉が異なっている。

図表4-15　事業段階の種類

グリーンフィールド	キャッシュフローを生まない段階での投資となり，キャピタルゲインがリターンの中心となる。当局からの許認可・完工リスクを伴う分，期待リターンが高くなる。
ブラウンフィールド	キャッシュフローを生んでいる稼働段階での投資となるため，将来キャッシュフローが把握しやすく，インカムゲインがリターンの中心となる。

2　インフラストラクチャー投資戦略の特徴

　インフラ投資は，地域社会や経済全般のニーズを満たすための基本的なサービスを提供するインフラ事業・資産に投資するものであることから，**図表4 -16**のような魅力がある。一方，インフラ固有のリスク特性も存在し，これらは投資する際に十分な留意が必要である。

図表4 - 16　特徴（魅力とリスク特性）

魅力	
安定的なキャッシュフロー	多くのインフラ資産は耐用年数が長く，規制や長期の契約のもとで長期にわたる安定したキャッシュフローが期待できる。
インフレ耐性	インフラ資産の料金はインフレに連動する設定となっている場合が多く，インフラ資産からのキャッシュフローについてもインフレ率との連動性を有する。
他資産との低相関	長期安定的なキャッシュフローが期待できる資産への投資であり，結果として，パフォーマンスは，他資産との相関が低く，分散効果が期待できる。
リスク特性	
政治・規制リスク	政治環境変化によって規制の枠組みや制度が変更され，将来キャッシュフローの見込みが変動したり，資産価値が減退したりするリスクがある。
需要リスク・価格リスク	景気変動等の要因によって需要が落ち込むことで収益が目標に達しないリスクや，契約更新時の条件変更により収益が減少するリスク。
運営リスク	運営能力不足によって，需要拡大や運営効率の改善などの取組みが上手くいかず，想定していた収益が確保できないリスクがある。
資金調達リスク	金融市場の収縮時等において金融機関から資金調達・借換えができないリスクで，インフラの運営や事業活動に影響を及ぼす可能性がある。
建設リスク	建設を伴うグリーンフィールド案件が，当初計画していた予算，納期内に完成しないリスク。

3　インフラストラクチャー・ファンド選定のポイント

図表 4 - 17 ファンド選定のポイント

案件ソーシング力	運用者にとって，まずは，優良な投資候補先を確保することができるのかが重要になる。案件情報は，ファイナンシャルアドバイザー，他社インフラファンド，大手機関投資家，事業会社などから持ち込まれるが，このような売り手とのネットワークを十分に有しているのかが重要になるため，ファンドへの投資家は，過去のソーシング実績も含めて入念に確認しておきたい。また，一般競争入札ではなく，相対交渉や限定入札の案件をどの程度確保できているのかも，運用者の能力を評価する上でのチェックポイントになろう。
案件精査能力	運用者へ持ち込まれた案件は，まず初期精査を行うのだが，ここでは，提供するサービスの不可欠性，ダウンサイドに対する抵抗力，参入障壁，操業状態，インフレとの連動性，営業利益水準などがチェック項目となる。投資妙味がありそうだと判断された場合には，詳細精査が行われ，その案件を取り巻く事業環境，将来的な収益予想，リスク要因，投資後の付加価値向上プランなども踏まえた上で，入札に参加するのかが決定される。そして，入札に参加する場合には，価格モデルに落とし込み，入札価格を算出する。ファンドへの投資家は，この一連のプロセスが運用者によってしっかりと行われているのかを確認することが重要となる。
インフラ施設の運営力	運用者は，インフラ資産に投資した後は，その資産の収益構造やセクターなどに適した形での運営に携わるが，例えば，港湾や空港のような需要ベースの収益構造の場合であれば，売上増加，費用削減などによる企業価値向上を目指して様々な施策がとられる。ファンドへの投資家は，運用者が，それぞれに適した形での施設管理と付加価値創造を行い，収益を生みだす運営力を持っているのかを確認することが重要になる。

　インフラ投資は長期投資が前提となり，投資後も運用者がインフラ施設の運営を行う。そのため，まずは優良な投資候補案件を確保できる「案件ソーシング力」が重要であり，その候補先の中から優良案件を選別し，買収価格を決定する「案件精査能力」，そして，買収後の「インフラ施設の運営力」を含め，一連のプロセスが確立されているか，過去の実績は良好であったかを見極めることがファンド選定のポイントとなる。

（執筆担当：本荘和宏，濱　康彦）

第4節　プライベートデット（ダイレクト・レンディング）

　プライベートデットとは，ファンドなどの銀行以外の主体が非上場企業に貸し出しているローンのことで，このローンに対する投資をプライベートデット投資という。プライベートデット投資は，主に企業のデットに対するインカムゲインを目的とした投資であるため，エクイティに投資するキャピタルゲインを目的としたプライベートエクイティ投資と比較すると相対的にリターンは低くなる一方，担保による保全が期待できる。また，エクイティよりも弁済順位が高くなる等のメリットによってリスクは相対的に低くなり，投資後直ぐに金利収入が発生することから，Ｊカーブ効果も相対的に浅い，または，ほとんど発生しないという特徴がある。

1　プライベートデット投資戦略の概要

(1)　サブ戦略の種類

　プライベート・デット・ファンドは，投資先企業の財務状況，投資対象の資産クラス，投資対象の資産種類によって図表4−18のとおり分類される。近年，プライベートデット投資の中でも，特に中小企業向けのシニアローンを中心とした，比較的リスクの低い「ダイレクト・レンディング・ファンド」が注目されている。

　ダイレクト・レンディング・ファンドは，銀行が組成するシンジケート・ローンへの参加とは異なり，ダイレクト・レンディング・ファンド等の貸し手と借り手による相対での融資取引となる。主に格付のない中小企業向け融資となるため，相対的に高いリターンが期待できるほか，シニアローンを投資対象とするため，担保による保全等も期待できる。また，財務制限条項等，詳細な融資条件を設定することによって，貸し手に不利益が生じた場合の条件変更の可能性を確保する等，ダウンサイドへの備えも行っている。

図表 4 - 18　サブ戦略の種類

ダイレクト・レンディング	主に中小企業のシニアローンに投資
メザニン	劣後ローンへ等の投資
ディストレスト	ビジネスが低迷状態の企業の債権に投資する
不良債権	破綻した企業の債権に投資する
その他の投資戦略	不動産デット・ファンド，インフラ・デット・ファンドなど

(2)　収益構造（他の調達手段との比較）

　非上場企業がデットを通じて資金を調達する手段は，「プライベートデット」，「バンク・ローン」，「ハイ・イールド債券」の3種類に分けられる（バンク・ローンについては，第5章第3節で詳述）。プライベートデットの主な特徴としては，①ファンド等の銀行以外の主体が貸し手であることに加え，②借り手の企業規模が相対的に小さいこと，③流通市場がないことから流動性が低いこと等が挙げられる。そのため，この3種類の中では相対的に高い金利水準となっている。

図表 4 - 19　収益構造の比較

	プライベートデット（ダイレクト・レンディング）	バンク・ローン	ハイ・イールド債券
主な投資対象	中堅・中小企業向けの相対ローン	大企業・中堅企業向けのシンジケート・ローン	大企業の発行する債券
担保	有担保	有担保	無担保
金利	変動金利 シニアで6〜9％程度	変動金利 シニアで3〜6％程度	固定金利中心 8％〜
融資期間	5〜7年	5〜7年	7〜10年
コベナンツ	個別交渉で決定 比較的条件は厳しい	個別交渉で決定 比較的条件は緩い	通常，付与されていない
流動性	ほとんどない	ある程度あり	高い
格付	なし	あり	あり

2　ダイレクト・レンディング投資戦略の特徴

　ダイレクト・レンディング・ファンドは銀行が組成するシンジケート・ローンへの参加とは異なり，格付のない中小企業向けの相対での融資取引となるため，相対的に高いリターン等が魅力となるが，一方で，一定の確率でデフォルトが発生する可能性があり，投資元本が毀損するリスクがある。

図表4－20　特徴（魅力とリスク特性）

魅力	
相対的に高いリターン	他のインカムゲインを狙う商品と比較すると，相対的に高いリターンが期待できる。
安定的なキャッシュフロー	投資対象がデットであることから，金利収入が期待できる。運用者により差異はあるが，比較的安定した周期で分配が行われる。
変動金利での貸出	主に変動金利のデットへの投資となることから，金利上昇局面では，固定金利の商品と比較して優位性がある。
ダウンサイド時のプロテクション	プライベート・エクイティ・ファンドと比較すると，デットへの投資であることから返済順位が高く，また，シニアデットへの投資であることから担保による保全も期待でき，デフォルト時の回収率は，デット関連商品の中でも相対的に高いといえる。
リスク特性	
デフォルト	中小企業向け融資への投資であることから，一定の確率でデフォルトが発生する可能性があり，投資元本が毀損するリスクがある。
運用者リスク	相対取引による融資を投資対象とすることから，ファンド運用者の案件組成能力，クレジット管理能力，デフォルト時の資金回収能力によりパフォーマンスに大きな差異が生じる可能性がある。
低い流動性	ファンド持ち分の二次流通市場は存在するが，純資産価格に対してディスカウントを受け入れない限り売買が成立しないケースがある。また，解約・償還請求を行うことはできない。

3　ダイレクト・レンディング・ファンド選定のポイント

　ダイレクト・レンディング・ファンドを選定する際の主なポイントは**図表4－21**のとおりである。ダイレクト・レンディング・ファンドの運用者で，長期にわたり運用チームが安定し，過去の金融危機を経験したトラックレコードを持つ先はそれほど多くない。そのため，選定のポイントとしては，しっかりとした「運用体制」が整っており，優良かつ長期の「トラックレコード」を有す

図表4-21　ファンド選定のポイント

運用体制	良好なパフォーマンスを安定的に上げていくためには，①運用チームとしての豊富な運用経験，②メンバーの安定性を備えていること，が重要になる。そのため，投資家は，運用チームの構成や個々人の経歴などを確認し，また，会社への在籍期間や長く務めることのモティベーションを保つためのインセンティブプランなどの状況についても確認することが重要となる。
トラックレコード	一連の景気サイクルを経験した実績があるかという点が重要になる。景気サイクルが良い時であれば，高いリスクをとった分だけパフォーマンスが良くなるということもあるが，実際の実力の差が如実に表れるのはクレジットリスクが高まるような局面である。投資家は，運用者が一連のサイクルを経験してきたか，景気後退期の運用実績やワークアウトを含む投資行動はどうであったかなどを評価しなければならない。
高い専門性	案件開拓から始まり，審査，モニタリング，回収まで，運用者が，一連の業務における高い専門性を有しているかが重要になる。投資家は，それぞれの業務について，どのようなプロセスで行われているのか，具体的な事例の話などを通じて理解を深め，他社との差別化要因を含めて，運用者が高い専門性を有しているのかを評価していく必要がある。
リスク管理能力	クレジットリスクをとる戦略であるため，運用者が，保全の確保，コベナンツ（財務制限条項）の設定，投資先の分散等により，適切なリスク管理を行っているのかが非常に重要となる。そのため，投資家は，運用者によるリスク管理のプロセスや，過去にクレジットリスクが高まった際の行動などについて入念な調査を行い，評価していく必要がある。

　る運用者であることが，まず重要となる。そして，中小企業向け融資を主な投資対象とするダイレクト・レンディング・ファンドは相対的に高い信用リスクを負うため，デフォルト時の資金回収能力を含めた「高い専門性」と「リスク管理能力」が重要な要素となる。そのため，運用者の精査は慎重に行う必要がある。

（執筆担当：髙田創一，遠藤章弘，濵　康彦）

第 **5** 章

注目される非伝統的証券投資

　オルタナティブアセット投資においても，伝統的資産よりも流動性は劣るものの，低流動性資産と比較すれば流動性が一定程度確保できる運用プロダクトも存在している。本章で紹介するヘッジファンドは，主に伝統的資産である株式や債券等に投資するケースが多いものの，伝統的資産の市場リスクをとらずに絶対収益を目指すタイプの運用である点で伝統的資産投資とは一線を画している。第2章で紹介した，第一次オルタナティブアセット投資ブームの際の主役であるとともに，現在および将来にわたって，運用手法の高度化が図られている分野のプロダクトといえよう。

　また，CATボンドといわれる保険リンク証券（保険戦略）は，株式や債券とは異なり，対象とするリスクが金融市場外の事象に依存している点でユニークな証券である。従来は，保険ビジネスの内部でリスクの授受が完結していたものの，金融技術革新の一環として証券化が進んだ分野であり，特に有価証券中心のポートフォリオに追加的に加えることで分散効果を得られるという特性がある非伝統的資産投資の1つである。

　一方，バンク・ローンは，第4章第4節で紹介したプライベートデットよりも期待されるリターンは劣るものの，流通市場が存在するために，一定程度の流動性が確保されている点で注目されいるプロダクトの1つといえよう。

　以下では，第4章で紹介した低流動性資産と伝統的資産の中間に位置する流動性リスクを負うオルタナティブアセットについて整理し，ポートフォリオのリスク調整後リターン上昇のために活用できるプロダクトとしての活用の余地

を明らかにしたい。

第1節 ヘッジファンド

　ヘッジファンドは，世界的に広く認知されており，日本でも，金融機関や年金基金を中心として，様々な投資家が投資している。しかしながら，ヘッジファンド投資の未経験者からは，「ヘッジファンドって結局何なの？」，「ヘッジファンドはわかりにくい…」といった声が聞こえてくるのも事実である。確かに，ヘッジファンドを一言で表す「定義」は残念ながら存在しない。ヘッジファンドが世に出た時期，というのは諸説あるが，どの説にもおそらく共通しているのは，「ヘッジ」，「ロング・ショート」という言葉が示すとおり，いわゆる「ショート」，「空売り」の戦略が入ったものとしてヘッジファンドを認識しているということである。

　では，投資家にとってのヘッジファンドの魅力とは何であろうか？　おそらくそれは，「多様な収益源へのアクセス」であろう。ヘッジファンドの投資対象それ自体は株式，債券，為替などのあくまで伝統的運用と同様のものが中心となるが，多様なアプローチをとることによって伝統的運用とは異なる様々な収益源にアクセスできる自由度の高さを持っている。そして，そうした様々な収益源に分散投資することで，投資家のポートフォリオ全体のリスク・リターン改善につなげることが期待できるのである。

1　ヘッジファンドの概要

(1)　サブ戦略の種類

　ヘッジファンドの戦略は多岐にわたっているが，①投資の視点が長期的か短期的か，②投資対象の流動性が高いか低いか，③ファンダメンタルズ重視かテクニカル重視か，④個別銘柄のアルファかリスクプレミアか，などいくつかのタイプに分けることができる。株式・クレジット・債券との連動性の観点からみると**図表5−1**の3つのタイプに分けられる。

　ヘッジファンドの中にも様々な戦略があり，各戦略に応じて収益源も異なる。また，それらの実際のリターンは，ランキングにすると毎年入れ替わっている。

図表5 - 1　サブ戦略の種類

タイプ	特徴	主なサブ戦略
ロングバイアス型	株式市場，クレジット市場等との連動性が一定程度みられる。	株式ロング・ショート イベントドリブン
マーケット・ニュートラル型	ニュートラルの名のとおり，株式市場，クレジット市場等との連動性が低い。	株式マーケット・ニュートラル 金利アービトラージ
ディレクショナル・トレーディング型	市場の方向性（ディレクション）を予想，市場の上げ下げの両方から収益を狙う。	グローバルマクロ トレンド・フォロー型CTA

　ヘッジファンドの収益源の多くは，伝統的資産のパッシブ運用，あるいはロングオンリーのアクティブ運用ではカバーしきれないものであり，その「収益源の多様化，分散」にこそヘッジファンドの価値・本質的な意義があると考えられる。

(2)　分散効果

　ヘッジファンドの戦略別のリターンの年別のランキングをみると，ランキングの顔ぶれが毎年目まぐるしく入れ替わっている。このことは，ヘッジファンドに投資する上では，特定の戦略に偏った投資をするのではなく，幅広いファンドに分散して投資することが，安定的なリターンにつながるということを示していると考えられる。

　また，ファンド・オブ・ファンズやマルチ戦略ファンドに投資し，運用者が投資機会に応じた戦略アロケーションを行う，という形に委ねることも有効である。ヘッジファンドの魅力は，伝統的運用と異なる多様な収益源にアクセスできる自由度の高さにあるが，様々な収益源に分散投資することで，投資家のポートフォリオ全体のリスク・リターン改善につながると期待できる。

(3)　流 動 性

　低流動性資産に投資するオルタナティブアセット戦略は，一般的にクローズド・エンド型であり中途解約が原則不可となっているが，ヘッジファンドは，一般的にオープン・エンド型であり，中途解約が可能となっている。すなわち，

投資後の環境変化に応じ，解約や別の戦略への入替えが可能である。ただし，ヘッジファンドの解約頻度は短くて月次，長ければ数年に一度というケースもあるので，短期的なサイクルを追うのではなく，1年先，2年先を見据えた入替えを行っていく必要がある。

2　ヘッジファンドの特徴

　ヘッジファンドの特徴は，繰り返し述べているように多様な運用手法・収益源泉へのアクセスをもたらす点にあり，伝統的運用のベータ（株式・債券）からの分散効果が期待できる。ここでは，前項で述べた3つのタイプ分けに沿って戦略の説明を行う。各戦略ともリターン特性は異なるが，どの戦略にも共通の骨幹にある考え方として，「割高なものを売り（ショート），割安なものを買う（ロング）」という発想があることをまず押さえておきたい。

(1)　ロングバイアス型

　「ロングバイアス型」では，「ロング（買い持ち）の金額＞ショート（売り持ち）の金額」となっており，ロングの方にバイアスがかかっていることから，株式等の投資対象資産の価格変動にリターンが連動しやすい，ということになる。

図表5-2　各サブ戦略の特徴

株式ロング・ショート	
収益構造	個別企業の株式を様々な観点からロング，あるいはショートし，それら個別株式の値動きによってリターンを上げる戦略。
特徴	銘柄選択の観点として，例えば企業業績や製品競争力，マーケットシェア，ビジネストレンドといったことに着目し，それらが良好な銘柄をロング，そうでないものをショートする。投資アイデアがロングサイドに多く出てきやすいことから，ロングバイアス型となるケースが多く，株式市場全体が上昇するときにはリターンがプラスとなる傾向があり，逆に下落するときにはリターンがマイナスとなる傾向がある。
リスク	市場全体の下落のほかに，銘柄選択が機能しづらい市場環境時には損失拡大の要因となる。例えば，ファンド側としては成長性を評価してロングのポートフォリオを構築したものの，市場の流れとしては成長性よりも高配当であることに注目が集まり，低成長でも高配当の銘柄が買われるケースなどである。
イベントドリブン	
収益構造	企業買収，リストラクチャリング等（経営者の交代，債務の借換え，企業破産後の債務整理，資産売却等），イベントが発生することで生じる投資対象の価格変化を主な収益源とする戦略。
特徴	投資対象となるのは株式やクレジット，特にクレジットのケースにおいてはいわゆる破たん証券（ディストレスト証券）なども対象となる。期待するイベントはポジティブな変化を伴うものが多いため，投資アイデアがロングサイドに多く出てきやすいことから，ロングバイアスとなり，株式やクレジット市場全体の価格が上昇する時にリターンが拡大しやすい傾向がある。
リスク	市場全体の下落が，流動性の低下を伴って起こるケースが考えられる。当戦略の投資対象は，市場での速やかな売却が困難な資産（＝低流動性資産）を扱うケースが多く，そういった資産は市場全体の下落時には大きな価格下落に見舞われたり，売却に時間を要したりするケースがあり，ファンドの損失が拡大するリスクがある。

(2)　マーケット・ニュートラル型

　マーケット・ニュートラル型は，その名のとおり，株式，クレジット，債券などの「マーケット（市場）」に対して「ニュートラル」，つまり，無関係，低連動（低相関）といったことを目指す戦略になる。基本的には，ロング（買い持ち）とショート（売り持ち）の金額（あるいはいわゆるマーケットベータ，市場リスク等）を合わせることにより，株式等の市場全体の価格の上下によるリターンへの影響を極小化し，ロングとショートで選択した銘柄のリターンの

図表5-3　各サブ戦略の特徴

株式マーケット・ニュートラル	
収益構造	株価バリュエーション（PERやPBRなど），あるいは企業業績，競争力といったいわゆる企業ファンダメンタルズ等に注目し，魅力的な株式をロング（買い持ち），魅力のない株式をショート（売り持ち，空売り）する戦略。
特徴	ロングとショートの金額やマーケットベータを等しくすることにより，例えば日経平均等の市場全体の動きがリターンに与える影響を極小化し，純粋にロングサイドの銘柄群のリターンとショートサイドの銘柄群のリターンの差を収益とする戦略である。定量（クオンツ）モデルによるシステマティックな運用を行うファンドも多い戦略である。
リスク	レバレッジリスク^(※)がある。マーケット・ニュートラルのファンドは，リターン向上のためにレバレッジを活用するため，市場全体のボラティリティが上昇する場合，リスクを下げるためにレバレッジを下げる。その過程では，損失が拡大しやすくなる（ロングしているものを売却すると価格下落圧力がかかり，ショートの買戻しには価格上昇圧力がかかる）。
金利アービトラージ	
収益構造	国債やスワップ金利などの金利体系（イールドカーブ）の歪み等に着目し，歪みの修正が起こる時を収益源とする戦略。
特徴	デュレーションをゼロ近辺に維持することにより，金利水準全体が上昇，下落することに対して，戦略の収益の連動性は低くなる。非常に細かい市場の歪みを収益源とするが，とったポジションの勝率は総じて高く，ヒストリカルにみても安定的なリターンを上げる傾向がある。
リスク	株式マーケット・ニュートラル同様にレバレッジのリスクがある。1つひとつの投資機会は，勝率は高いものの収益額そのものは低いため，この戦略のファンドはレバレッジをかけることが必須となる。レバレッジをかけた複数のファンドが一斉にレバレッジを下げるためにポジション解消の動きに出ると，損失が大きく膨らむリスクがある。

(※)　レバレッジリスク：資本効率を高める目的で利用するレバレッジ取引が，投資主体が資金調達をできなかったり，市場ボラティリティの上昇等により，「レバレッジの巻戻し」が発生したりするリスク。

差を収益源とする。

(3)　ディレクショナル・トレーディング型

　この戦略の特徴は，株式や債券，コモディティといった様々な市場において，何らかの考え方をベースに価格の方向性を予測し，価格上昇あるいは下落，どちらが起こっても収益を上げることを狙う戦略である。言い換えると，ロングバイアスになること（＝価格上昇時に収益が上がる）もあれば，ショートバイ

図表5－4 各サブ戦略の特徴

グローバルマクロ	
収益構造	マクロ経済を分析し，金利や株価，為替水準の方向性等を予測し，それに基づいて売買を行う戦略。
特徴	基本は各資産価格の方向性を当てに行くため，市場の上げ／下げ両局面でリターンを得ることを狙う。大まかにいえば，比較的短期的な方向性を予測するタイプと，長期的なマクロトレンドをベースにした方向性を予測するタイプに分かれる。
リスク	方向感の出ない，ボラティリティの低い市場環境が続くケースが考えられる。当戦略にとっては，ある程度市場に方向性なり，買われ過ぎ，売られ過ぎ，といったボラティリティが出た時に収益機会が生まれやすいが，そういった動きがないと，リターン低迷が長く続いてしまうリスクがある。
トレンド・フォロー	
収益構造	過去の価格の動きから一定のパターンを見出し，将来も同じことが起こると想定して資産を売買する戦略。
特徴	代表的なものとして，過去のパターンから市場の上昇トレンド，下落トレンドを見出し，それに従って投資を行うトレンド・フォロー戦略がある。グローバルマクロ戦略と同様，基本は各資産価格の方向性を当てに行くもので，市場の上げ／下げ両局面でリターンを得ることを狙う。
リスク	レンジ相場が継続するケースが考えられる。このケースでは，当戦略のファンドは，上昇トレンドに向けてロング（買い）ポジションをとった後にトレンドが反転して価格が下落，あるいは下落トレンドに向けてショート（売り）ポジションをとった後にトレンドが反転して価格が上昇，という形でマイナスリターンが続く可能性が高くなる。

アス（＝価格下落時に収益が上がる）になることもあり，中長期的にみれば株式等の市場全体との相関は低くなる。ただし，短期的には，ロングバイアスになっていることで市場との連動性が高まることもあり，注意が必要である。

3　ヘッジファンド選定のポイント

　ヘッジファンドは，多種なアプローチをとることによって，伝統的資産とは異なる様々な収益源にアクセスできる自由度の高さを持っている。そのため，選定のポイントとして重要となるのは，まず「収益源泉の独自性」があるのか，「参入障壁」を高める枠組み作りができているのかということであり，その上で「運用プロセスの再現性」を見極めることが必要となる。また，「ファンド関係者のチェック」や運用者と投資家の利害が一致しているのかを計る上で，

図表 5 - 5　ファンド選定のポイント

収益源泉の独自性・参入障壁	ヘッジファンドの運用者は，常に新たな収益源泉（投資機会）を求めている。1人の運用者が新たな収益源泉を発掘したとして，非常に高いリターンを上げることができたとしても，参入障壁が低い場合には，他の運用者にも模倣され，いずれは魅力的な投資機会ではなくなってしまうのである。投資家は，運用戦略の独自性・着眼点，アイディアソーシング（組織力，システム投資等），継続的なR&D／改善などをチェックし，運用者が，常に新しい収益源泉の発掘と，参入障壁を高める枠組みづくりを行っているのかを確認する必要がある。
運用プロセスの再現性	投資家にとって，ファンドの評価を進める上での最初の一歩は，過去の運用実績の分析である。ここでは，単にパフォーマンスの数字のみではなく，その間の投資環境や実際にとられた投資行動を含めてチェックするのであるが，当然のことながら，過去の運用実績を買うのではなく，将来の運用実績を享受するために投資するので，優れた運用実績の再現性があるのかを確認することが分析における目的となる。そのため，投資家は，運用者の経験値，組織体制，リスク管理体制も含めてチェックし，再現性が高い（あるいはさらに進化が期待できる）かを見極めることが重要となる。
ファンド関係者のチェック	アセットマネジメント会社以外にも，第三者のファンド関係者として，信託財産を保管するカストディアン，事務を請け負うアドミニストレーター，監査を行う監査法人，レバレッジを提供するプライムブローカーなどが存在する。信託財産を保全し，安定的なファンド運営を行う上では，これら関係者の果たす役割は重要なものとなっている。投資家は，ファンドの運用者に対する精査に留まらず，ファンド関係者のチェックを行うことが重要となっている。
セイムボート性	多くのヘッジファンドでは，運用者が自らの資金をファンドに出資をしており，これをセイムボート（同じ船に乗る）という。運用者にとっての報酬は，固定報酬と成功報酬に分かれているが，成功報酬はパフォーマンスに対して徴収されるため，それを目当てに過度に高いリスクをとって運用する動機がはたらくのではないかという投資家の懸念を払拭するために行うのが運用者による自己資金投資である。投資家は，自己資金投資状況，報酬体系，株主構成など，運用者の収益構造を分析し，セイムボート性（利害の一致）が担保されているのかを確認することが重要となる。

「セイムボート性」を確認することが重要となる（**図表5 - 5参照**）。

（執筆担当：小野芳哲，相崎琢也，濱　康彦）

第2節 CATボンド市場の現状と今後[1]

　世界で初めてCATボンド（大災害債券）が発行されたのは，1994年。現在では300億ドル超の市場残高となり，多様な投資家に魅力的な投資機会を提供している[2]。2017から2018年にかけては，２年連続で大きな災害が発生したことを受け，複数の銘柄の元本が毀損し，金融危機以降初めてCATボンド市場の年間超過リターン（短期金利控除後）がマイナスになった。

　これを受け，一部の投資家の間で，主にCATボンドに投資する保険リンク証券ファンドへの投資姿勢に見直しの動きがみられた。その背景には，①近年の低金利環境での資金流入によるリスク対比リターンの魅力低下懸念，②市場のキャパシティ拡大により，過去の大災害の翌年にみられた再保険料の上昇が緩慢になるとの予想，③温暖化などに伴い自然災害リスク評価モデルがリスクを過小評価しているとの懸念などがあるといえる。

　第２節では，これらの懸念や，今後のCATボンド市場について整理するために，CATボンド市場の20年の歴史を振り返り，分析・検証してみたい。

1　CATボンドとリスク評価

　CATボンドとは，保険リンク証券と呼ばれる再保険の証券化商品の１つである。地震やハリケーンなどの大災害によって被る損失をヘッジしたい保険会社，一般企業などは，特別目的会社（SPC）等を通じて**図表5-6**のような仕組みでCATボンドを発行している。この仕組みは，償還期日までに災害が起きなければ，元本とともに保険料に相当する高いクーポンが支払われる一方で，当初定められた条件を満たす災害が起こると，元本が発行者への保険金支払いに充てられて毀損するというものである。ここで記しているモデリング会社とは，災害リスクを評価し，再保険会社・投資家向けに情報提供を行う機関であり，社債発行における格付会社のような役割を果たしている。モデルによる

1　三橋威夫「今こそ，CATボンド市場の客観的な分析・検証が不可欠」『週刊　金融財政事情』2019年7月8日，42〜45頁をもとに執筆。
2　東京海上アセットマネジメントは，2001年からファンド設定に向けた準備を進め，2006年5月に日本国内籍ファンドとしては初めてCATボンドファンドの提供を開始した。

114

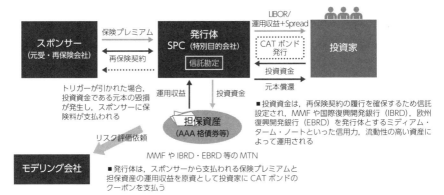

図表 5 - 6　CAT ボンドの仕組み

CAT ボンドの評価は，債券発行の際の目論見書に記載され，期待損失率など
の評価値を参考に，需給が見合う水準でクーポンなどの発行条件が決められる。
　大規模自然災害リスクについては，災害の発生頻度が低く，過去のデータが
不十分であることに加え，保険契約の対象となる建築物の構造特性も時代とと
もに変化するため，過去のデータに基づく「大数の法則」[3]を当てはめること
ができない。そのため，自動車保険などで用いられる標準的な保険数理によら
ず，地震・台風などの自然災害の種類ごとの特徴・発生パターンや，保険契約
の対象となる建築物の脆弱性を，確率分布（関数）で表現し，シミュレーショ
ンを用いて評価するのが一般的である。
　CAT ボンドのリスク評価の対象が，自然災害という金融市場と密接な関係
があるリスクではないため，CAT ボンドの価格は，マクロ経済や金融政策の
動向に影響を受けにくく，他の資産との分散効果が機能しやすい。また，流通
市場における売買取引を通じて換金可能であり，評価時価の透明性や更新頻度
も高いというメリットも注目されている。
　金融危機後の金融市場では，「リスクオン」，「リスクオフ」という言葉がよ
く使われるようになったように，伝統的金融資産市場における資産間の相関は，

3　大数の法則とは，母集団の数が増えれば増えるほど，ある事柄の発生する割合が一定の
　値に近づき，その値は事柄の発生する確率に等しくなる，という統計学の定理。

総じて高まった。結果として，投資家は，伝統的資産内でさらなる分散を追求するか，相関の低いオルタナティブアセットにシフトするかを迫られた。前者に対するソリューションとして注目されたのが，マルチアセット投資やファクター投資であり，後者としては，保険リンク証券ファンドに代表される第3章以降詳述している資産群である。

　保険リンク証券ファンドは，オルタナティブアセットの中では最も多くの国内年金基金に保有されており，投資家の内訳は，おおむね80％が年金基金，残りが銀行などの金融法人となっている。年金基金と比較して，金融機関での普及が進んでいないのは，CATボンドは無格付のものが中心であり，バーゼル規制上のリスクウェイトが高いことや，金融機関の資金性格が時間分散投資を前提とした長期の流動性リスクをとりづらいことが挙げられる。

2　自然災害リスク評価モデルの想定する損失額と実際の支払額

　図表5-7は2000年以降に発行されたCATボンド全銘柄について，自然災

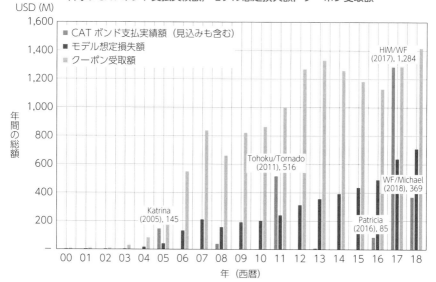

図表5-7　年間のCATボンド支払実績等

年間のCATボンド支払実績額，モデル想定損失額，クーポン受取額

（出所：東京海上アセットマネジメント（USA）作成）

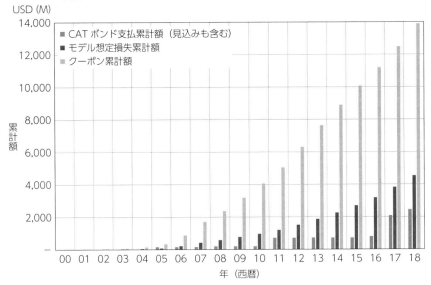

図表5 - 8　累積のCATボンド支払実績等

累積のCATボンド支払実績額，モデル想定損失額，クーポン受取額

USD (M)

（出所：東京海上アセットマネジメント（USA）作成）

　害モデルによる想定損失額，保険を引き受ける対価として投資家が受け取った
クーポン，実際に発生した自然災害によって保険金として元本から支払われた
金額（見込みを含む）を年単位で比較している。
　2005年のハリケーン「カトリーナ」，2011年の「東日本大震災」および「米
国竜巻」，2017年のハリケーン「ハービー」，「イルマ」，「マリア」という歴史
的な大災害が発生した年については，実際の支払額がモデルの想定損失額を上
回っているが，それ以外の年ではモデル想定損失額に対して実際の支払額は限
定的となっている。また**図表5 - 8**の累計額で比較してみても，実際の支払額
は，過去20年間にわたり，モデルで想定されていた損失累計額を常に下回って
いる。このことは，モデルが実際のリスクを過小評価していたのではないかと
いう懸念を明らかに否定できる証左であるといえよう。
　また，投資家が発行体から受け取ったクーポン総額（年間）と支払額（年間）
を比較すると，史上最大の保険損害をもたらしたといわれる2005年や2017年で

さえ，支払額は保険料の範囲でカバーされていることが確認できる。2020年5月現在でも，CATボンドを保有することで享受できるクーポン利回りは，モデルによる想定損失率を大幅に上回っている。その超過部分こそが，保険リスクを引き受けることによって享受するリスクプレミアムであり，原価に該当する想定損失率を差し引いた後に残るCATボンド投資における期待収益といえるわけである。

3　超過リターン分布

では，CATボンド市場が成熟した現在でも，なぜ，依然としてこの超過プレミアムが残っているのだろうか。この疑問に答えるには，投資家は何の対価として超過プレミアムを得ているのかという点を考えると理解しやすいだろう。そこで，ここでは，①自然災害を分析するためのコスト，②流動性リスク，③テイルリスクの3つに注目したい。

①分析コストや②流動性リスクは，他の資産を評価する際にも多かれ少なかれ一定程度考慮されるものであるが，CATボンドの最大の特徴は，対象リスクの再現期間の長さによる③テイルリスクの大きさを考える必要がある点である。これは，他の金融商品との比較で期待損失が同じだとしても，期待最大損失（ドローダウン）が大きいということを意味する。この特性こそが，まさにCATボンド特有のリスクプレミアムの源泉になってくるが，この特性を実績データで確認してみよう。

図表5-9は，2002年から2019年4月までをCATボンド市場の，対短期金利の月次超過リターンのヒストグラムである。あわせて，それと平均および標準偏差を一致させた正規分布と，自然災害モデルで想定される現在のCATボンド市場の超過リターンの予想分布も示している。正規分布と比較すると，実績超過リターンの分布は，マイナス方向に裾野が広いファットテール[4]になっていて，自然災害モデルが想定しているマイナス方向へのファットテールともほぼ整合的である。また，この**図表5-9**が示すとおり，実績超過リターンの

4　ファットテールとは，平均から極端に離れた事象の発生する確率が，正規分布から予想される確率よりも高い現象のこと。

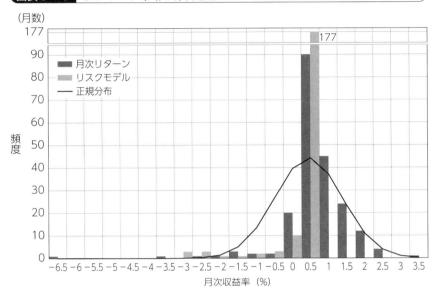

図表5-9 CATボンド市場の月次超過リターン分布（2002年1月～2019年4月）

（出所：Swiss Re, RMS, ブルームバーグより東京海上アセットマネジメント（USA）作成）

分布は，市場の需給を反映した正規分布に近い市場価格変動部分に，マイナス方向へのファットテール性を持つ損害の影響が組み合わされて形成されているといえよう。

　このファットテールリスクは，単体の証券では所与のものとして受け入れざるを得ないが，ファンドとして投資する場合，当該リスクを分散しコントロールすることが可能となる。実際にポートフォリオに個別銘柄を組み入れる際は，リスクの種類，地域，リスク水準，発行量，残存年限，トリガータイプといった視点での分散を図ることで，テイルリスクの軽減が可能になるからである。また，小口資金でも，このような様々な視点からの分散がなされたポートフォリオに投資できる点が，保険リンク証券ファンドのメリットの1つといえよう。

4　個別証券の毀損予測

　ここまでは，市場全体を通じたモデルの実績を評価してきたが，**図表5-10**は，個別の証券の損失予想精度の実績を表している。2003年から2018年末まで

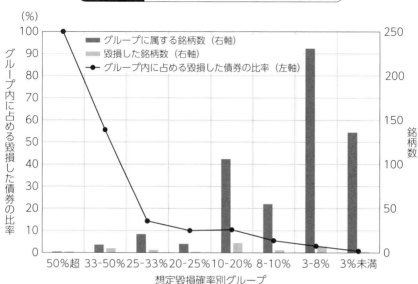

図表 5 - 10　モデルによる個別証券の毀損確率予測

(出所：東京海上アセットマネジメント（USA）)

発行された全569銘柄を対象として毀損確率を予想したものであり，発行時に自然災害モデルが予測した償還までの想定毀損確率ごとにグループ分けし，そのグループに属する銘柄のうち何％が実際に毀損したかを示している。

　20年弱という期間および569銘柄という銘柄数では，必ずしも十分なサンプルデータ数とはいえないが，それでも想定毀損確率が高いグループは実績毀損比率も高く，想定毀損確率が下がるにつれて右肩下がりとなり，ほぼモデルと整合的な実績となっていることが確認できる。

　以上，自然災害評価モデルの妥当性を，想定損害額の水準，損害発生によるリターンのファットテール性，想定毀損確率の観点から，市場の実績データとの比較を通じて評価を試みた。20年間という限られた CAT ボンド市場の歴史だが，これまでのところモデルによる想定は，実際の CAT ボンド市場の動向を，おおむね適切に予測できていたといえるだろう。

5　自然災害と再保険料率

　次に，自然災害の発生による再保険市場の反応を確認してみたい。**図表5－11**は，1990年代以降の米国再保険料率と自然災害損失規模（インフレ率調整後）との関係を示している。

　2006年頃までは，大きな自然災害による保険損害が発生した翌年には，再保険料率が上昇する傾向がある。再保険ビジネスが対象とする自然災害リスクは，100年に一度といわれる低頻度であり，再現期間が長期にわたる巨大なリスクであるため，長期の信用と潤沢な資本がなければ市場に参入することはできなかった。そのため，当該条件を満たす再保険会社を中心とした排他性の高い市場では，参加者の資本の制約を受けるため，市場キャパシティが限られていたのである。その結果として，前年の支払保険損害額が上昇した場合には，翌年の再保険料率にもすぐに反映される弾力性の高い状況が続いていた。

　実際1992年のハリケーン「アンドリュー」，2005年のハリケーン「カトリーナ」

図表5－11　米国再保険料率と自然災害保険損失規模

（出所：Guy Carpenter, AON Seurities より東京海上アセットマネジメント（USA）作成）

の翌年には，再保険料が急上昇している。そのため，多くの市場参加者は，ハリケーン被害が相次いだ2017年の翌年2018年にも，過去の傾向に照らして前年対比20－30％程度の再保険料が上昇すると期待されていた。しかし2018年の再保険料は，前年比でみると若干の上昇にとどまったのである。その要因として，資本市場から再保険市場への証券化商品を通じた潤沢な資金流入があったことが挙げられている。**図表5－11**をみると，流入が本格化した2007年以降，大きな保険損害があった翌年の再保険料の上昇が，緩慢になっていることが明らかになっている。

6　再保険市場とマネーの膨張

　あらゆる経済活動には，リスクが伴う。そのリスクの軽減を手助けするのが保険であり，再保険市場は，引き受けた保険リスクの金銭的取引を行う市場である。近年の相次ぐ自然災害の発生と，資本市場からの証券化商品を通じた資金の流入が，再保険会社の収益を圧迫しているため，将来の事業採算性についての見方が分かれ，活発なM&Aを通じて再編が進んでいるのが現状である。日本の損害保険会社も，マイナス金利政策に支えられた潤沢な資金を背景に，海外再保険会社の買収・売却を通じて事業ポートフォリオの多角化・グローバル化を積極的に進めてきた。

　再保険市場は，これまでグローバルな経済規模の拡大と歩調を合わせて拡大してきたものの，先進国経済が成熟化する中で，近年では新興国経済の成長に応じて，新興国向けの再保険が増加している。**図表5－12**は再保険市場の規模が世界のGDPの増加ペースに合わせてゆるやかに拡大していることを示している。一方，**図表5－13**の折れ線グラフは，世界の通貨供給量のGDPに対する比率であるが，興味深い事実を示している。金融危機以前は，通貨供給量が，世界GDP対比90〜100％の範囲で推移していたものの，金融危機以降は，急激に上昇し，現在では125％と通貨供給量が大幅にGDPを上回っているのである。世界各国中銀による量的金融緩和政策により，経済成長をはるかに上回るペースで通貨供給がなされた結果として，第1章で確認したように，金融経済の実体経済からの乖離は年々拡大しているといえよう。

　金融危機直後に30兆ドルを割り込んでいた世界の株式時価総額は，すでに80

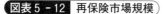

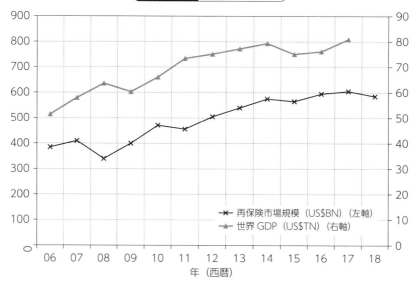

（出所：世界銀行，AON Securities より東京海上アセットマネジメント（USA）作成）

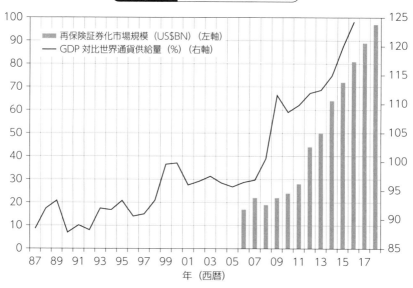

（出所：世界銀行，AON Securities より東京海上アセットマネジメント（USA）作成）

兆ドル近くまで増加するなど，膨張した資金は，限られた経済成長機会を求めて，多くの金融資産価格を金融危機以前の水準を上回るところまで押し上げたのである。伝統的資産のリターン低下や資産間の相関関係の上昇が，投資家のポートフォリオのリスク＝リターン特性を悪化させ，グローバルに滞留していた余剰運用資金は，従来の資本市場の外へと向かった。**図表5－13**の棒グラフが示す再保険証券化市場の拡大はまさに，金融危機後の金融経済の膨張と時を同じくして始まっていることがわかるだろう。

　実体経済の成長に見合うゆるやかなペースに応じて拡大した再保険リスクの供給に対し，それをはるかに凌駕する金融経済の膨張ペースに合わせて高まった需要，という需給のミスマッチが，この10年の再保険料の低下トレンドと保険損害発生後の再保険料率弾力性の低下の原因なのである。

　ここで強調しておきたい点は，この需給のミスマッチによる期待リターンの低下は，再保険市場だけに特有のことではなく，金融資産全般に当てはまる構造的な問題であったということである。再保険のリスクプレミアムも低下傾向にあり，金融危機直後と比べるとその魅力は確かに低下している。しかし，投資対象を選択する際には，時系列的な視点だけでなく，原価を加味した後の絶対水準という視点や，他の資産との比較による相対的な視点からも魅力度を測ることが重要であろう。

　膨張を続ける金融経済が実体経済から乖離したことにより，株式，オルタナティブアセットだけでなく，社債やハイ・イールドをはじめとした他のインカム商品の利回りも金融危機以前の歴史的な低水準にまで低下する一方，CATボンドは，引き続き絶対的・相対的な魅力を維持している点を見逃すべきではないだろう。それは，リスクモデルの想定するコストを大幅に上回る利回りを提供していることに加え，金融市場に依存しない自然災害がもたらすテイルリスクをプレミアムの源泉とすることで，他の金融資産との分散効果が期待できる投資対象だからである。

7　CATボンド市場の今後

　グローバル金融危機以降，中央銀行による非伝統的な金融政策により，実体経済から乖離して膨張した資金が，証券化技術を橋渡し役として，再保険と資

本市場との融合を加速させた。現在，世界の経済成長の主軸はアジア地域が担っているが，元来，アジア地域では自然災害が多く，また各国の損害保険会社の再保険市場でのリスクヘッジニーズは高いはずである。今後，アジアをはじめとする新興国経済の拡大に伴い，再保険市場の拡大，リスク供給が見込まれる一方で，実績および評価モデルに照らして魅力的なテールリスクプレミアムや，マクロ経済・金融市場との低相関関係によるポートフォリオリスク低減効果は，金融資産の中でもユニークな投資機会を提供するため，引き続きCATボンドへの投資家の需要を促すだろう。

　保険リンク証券運用では，これまでのところ実績データの量が十分とはいえなかったため，市場やファンドに対する評価をする際に，定性的・感覚的な議論に偏る傾向があった。同資産におけるアクティブマネージャーの選定においても，これまでの数年程度のパフォーマンスでは，「たまたま」で説明されてしまうことも多く，ファンド間の運用巧拙を図る定量データとしては期間が短く，説明力が十分だとはいえなかった。確かにCATボンドは100年に一度程度の稀にしか起こらない大災害をリスクの対象としており，たかだか20年程度の実績データに基づいて評価をするのは，統計的な厳密性を欠くとの指摘もあろう。

　しかし近年では，客観的なデータの裏づけをもって判断できる事象が増加しており，多くの保険リンク証券ファンドのトラックレコードも10年を超えてきているため，ある程度の実績に基づく定量分析の裏づけをもって，運用哲学やスキルの違いを比較・検証できるようになっている。

　資産運用の現場では，不確実・不透明なものの中から，その時点で利用できる情報に基づき，相応の確からしい論拠を見つけ，とるべきリスクを選択する必要に迫られることが多い。需給環境が厳しい中，大きな災害が相次ぎCATボンド市場の先行きに対して様々な見解が出てきている時こそ，歴史を振り返り，現状認識を正しく共有した上で，極力客観的なエビデンスに基づいて先行きを展望する必要があるのではないだろうか。今後さらなるCATボンド市場の実績データの蓄積によって，定性・定量の両視点からバランスのとれた議論が進み，より健全な市場に発展するものと考えている。

（執筆担当：三橋威夫）

第3節　バンク・ローン市場の現状と今後

1　バンク・ローンとは

　次に，比較的流動性があるオルタナティブアセットの中でも，知名度の高いバンク・ローンについて記したい（流動性の劣るプライベートデットについては第4章第4節参照）。バンク・ローンとは，銀行などの金融機関が非投資適格級の企業に対しM&A，借換え，設備投資といった様々な資金需要に対応して行う貸付（ローン）を投資商品化したものである。借り手企業の財務レバレッジが高いことから**レバレッジド・ローン**と呼ばれることもあり，投資適格級の信用度の高い企業に対する貸出金利と比較して相対的に高い貸出金利が適用される。

　これらのローンは，貸し手である銀行が転売することで流通市場が形成されており，機関投資家による投資が可能になっている。一般の銀行融資では，銀行と借り手企業が一対一で金銭消費貸借契約を結び，銀行は満期までその貸出債権を保有するという前提で融資が行われているが，バンク・ローンでは幹事となる銀行が融資に参加する銀行を募り，転売を前提としたシンジケート・ローン（協調融資）として組成され，投資家に売却されるものである。

　バンク・ローンは，一般的に企業の資本構造の中でも返済優先順位の高い担保付債権であり，万が一のデフォルト（企業の債務不履行）や破綻の場合においても，ローン債権者は無担保であるハイ・イールド債や優先株・普通株式の保有者よりも優先的に弁済が受けられる権利を有しており，相対的に高い債権回収率が期待される。過去10年間のハイ・イールド債の平均的なデフォルト発生率2.8％程度に対して，バンク・ローンは同2.0％程度であり，さらに債権回収率は，前者が40〜50％であるのに対して，後者が50〜60％と比較的大きな差がある。そのため，損失レシオ〔デフォルト率×（1－回収率）＝ポートフォリオに対する損失の影響を表す〕でみると，ハイ・イールド債など無担保債権と比較してバンク・ローンの安全性がより際立つといえよう（Credit Suisse, 2019）。

　ローンにあっては，上場株式などと異なり「市場価格」というものは存在し

ないが，第三者のベンダーなどにより日々価格が提示され，Bloomberg 等の
情報端末でも確認することができる。低金利環境においてはハイ・イールド債
などの債券はオーバー・パー（額面以上の価格）で取引されることも多く，元
本部分の価格変動が相対的に大きくなっているものの，バンク・ローンでは，
おおむねパー（額面）近辺で取引されている。

　というのも債務者（ローンの発行体）がパー（額面）でコール（償還）する
ことができる条項が付いているのが一般的であるため，投資家が額面以上に買
い上げるインセンティブがないからである。したがって，長期間でみると，
ローン価格はおおむね横ばいであり（ボラティリティが低い），期中の金利収
入（クーポン）がバンク・ローンのトータルリターンの大宗を占めることにな
る[5]。

　バンク・ローンの発行体（借り手）は，Libor（ロンドン銀行間取引金利）
などの参照金利に案件ごとに決められたスプレッドを上乗せした金利（＝クー
ポン）を主に 3 カ月ごとに債権者に対して支払うため，固定金利ではなく変動
金利である点が特徴といえよう[6]。Libor などの参照金利は変動金利なので，
3 カ月ごとにクーポン（基準金利＋スプレッド）は変動するため，金利の上昇
または低下局面においても，クーポンは市場動向に連動するわけである。固定
金利ではないため，金利上昇時の価格下落によるトータルリターンの悪化が回
避できるという点で，多くの投資家に，金利上昇に対する耐性が高い投資対象
とみなされている。

2　バンク・ローンの投資対象

　バンク・ローンの投資対象は，格付機関の格付で主に非投資適格（BB 格相

5　米国バンク・ローン市場の2010年 1 月～2019年12月までの10年間の年率トータルリターン
　は5.18％であり，このうち価格変動によるキャピタルリターンは0.12％，クーポンによる
　インカムリターンは5.05％であった。
6　Libor 改革後の参照基準金については，ポンド建てでは SONIA（Sterling Overnight In-
　dex Average），米ドル建てでは SOFR（Secured Overnight Financing Rate）が使用され
　る見込みであり，移行時期については2021年とされているが，本書執筆段階（2020年 5 月）
　では確定的なスケジュールではない。またユーロ建てについては引き続き EURIBOR が使
　用される見通しである。

当以下）となる格付を有する企業向けのローンである。株式やハイ・イールド債を発行している会社がバンク・ローンを発行する場合もあるが，企業規模の問題などからバンク・ローンのみを発行している企業もあり，クレジット分析において発行体となる企業の資本構造をよく理解しておくことが肝要である。地域別では，米国が市場の大部分を占めているが，欧州のバンク・ローン市場も近年急速に拡大しており，市場規模は米国の3分の1程度にまで拡大している。近年では，両地域間の経済サイクルや企業のファンダメンタルズの差異を利用してポートフォリオの分散効果を高めるために，米国と欧州のバンク・ローンを併用するケースも多くみられるようになっている。

　バンク・ローン投資のアセットクラスとしての主な特徴としては，次の点などが挙げられる。

① 　金利上昇局面に強い

② 　利回りが相対的に高い

③ 　有担保債権であり弁済順位が高い

④ 　債券との相関が低い

　まず①について，固定利付債券は一般に金利上昇局面には弱いとされるが，バンク・ローンは変動金利商品であることから，金利上昇局面においても，クーポンが上昇することによりローン価格の下落は限定的となるため，金利上昇局面に強いということを意味する。金利上昇に対するヘッジ機能を有しているといってもよいだろう。一方，金利低下局面においては，多くのローンで最低基準金利（＝フロア）が設定されていることから，金利低下に伴う利回り低下も一定程度抑制されるというメリットがある点は注目すべき点であろう[7]。

　次に②についてだが，非投資適格企業が発行しているバンク・ローンは，投資適格企業が発行する債券と比較してクレジットリスクがあるため，それに応じた上乗せ利回りを得られるだけではなく，売却に時間がかかることを反映した流動性プレミアムも付加されるため，相対的に高い利回りが期待される。それにもかかわらず，リターンのボラティリティ（変動率）は，ハイ・イールド

---

[7] 　例えば，「フロアが1％」に設定されたローンの場合，仮にLiborが0.5％に低下した場合でも，基準金利は1％としてクーポンが決定される。

債券より低いことから，リスク調整後リターンでみた場合，高い投資効率が期待される。

③は，バンク・ローンの場合，担保保全順位と弁済順位が最上位に設定されていることから，万が一，発行体にデフォルト（債務不履行）が発生した場合でも，その他の一般的な債券と比較して高い回収率が期待されることを意味している。そして，④については，国内債券および外国債券のリターンとの相関が低いことから，ポートフォリオにバンク・ローンを追加することによる分散効果が期待でき，ポートフォリオ全体としての効率性向上を図ることができる点は，大きな魅力の１つといえよう。

3　欧米バンク・ローン市場の特色

次に，地域ごとにバンク・ローンの特徴を確認しておこう。

第一に，米国のバンク・ローン市場は，①2000年代初頭にM&Aが活発化して企業の資金需要が急増する中で，②米LPC（Loan Pricing Corporation）によるローン時価情報提供が開始されたことで市場の透明性が向上したこと，③バーゼル（BIS）規制の強化を背景に銀行がローン組成・売却時の手数料を追求したことから，急速に拡大した。代表的な市場指標（ベンチマーク）であるクレディスイス・レバレッジッド・ローン・インデックス（CS LLI）の規模は，2019年12月末時点で約1.2兆ドル（130兆円），同インデックス内の発行体数は，およそ1,700となっている。

米国バンク・ローン市場の需要サイドは，CLO（ローン担保証券；金融機関がローンを証券化したもの）が70%強，リテール向けが20%強，機関投資家等が10%弱の構成となっている[8]。CLOは，原則として保有ローンの時価評価を行わず満期まで保有されるため，市場に対する需給変動要因とはならないが，リテール向けは個人投資家が保有していることから，センチメントの変化，金利の方向性などの見通し変化やテクニカルな要因による需給変動が起こりやすい。そのため，リテール向け構成比が小さい欧州ローン市場と比較して，米国

8　S&P Leveraged Commentary and Data－European Quarterly Review and US LCD Quarterly（2019）.

ローン市場のボラティリティが相対的に大きくなりやすいという点を指摘でき
よう。

　第二に，欧州では伝統的に，コーポレート・ローンは銀行が保有し続けると
いう金融構造であったが，グローバルな潮流である銀行への資本規制強化によ
り，銀行がバランスシートを縮小させる傾向を強めている。銀行等が保有資産
の効率化を目的として，貸出債権をバランスシート外に出す動きを加速させた
ため，バンク・ローン市場が急速に拡大してきたのである。

　2011年の欧州危機直後には，一時的に欧州でのバンク・ローン発行が停滞し
たが，2013年にCLOの発行が再開されると，バンク・ローン残高も急回復した。
欧州バンク・ローンの代表的な市場指標（ベンチマーク）であるクレディスイ
ス・ウエスタン・ヨーロピアン・レバレッジド・ローン・インデックス（CS
WELLI）の時価総額は，2019年12月末時点で約3,000億ユーロ（37兆円），同イ
ンデックス内の発行体数は，約500（USD建てを除くと約400）程度と米国バ
ンク・ローン市場と比較すると時価総額で30％程度，発行体数でも30％程度の
規模になっている。

　欧州バンク・ローンの需要家サイドでは，CLOが65％程度，ローンファン
ドなど機関投資家が30％強，リテールが5％弱程度となっているが[9]，欧州で
はリテール向けの構成比が小さいこともあり，米国市場と比較して歴史的にボ
ラティリティが低い投資対象となっている。

4　バンク・ローン投資のリスク

　バンク・ローンは，前述したように，固定利付債券とは異なり変動金利商品
であり，金利変動に対するローン価格の感応度は相当程度低いことから，いわ
ゆる金利リスクについては僅少である。そのため，信用リスクが投資リスクの
大部分を占めることになる。つまり，信用リスクが，無リスク資産に対する超
過収益の主な源泉となるわけである。

　投資家は米国債などの資産に対してこの信用リスクに見合う高めのスプレッ

9　S&P Leveraged Commentary and Data－European Quarterly Review and US LCD
　Quarterly (2019).

ド（上乗せ金利＝クレジット・スプレッド）等を要求するため，利回り水準が高くなり魅力的なリターンが得られるものの，ローン発行体がデフォルト（債務不履行）に陥るとローン元本が毀損され，投資成果に対しネガティブな影響を与えることになる。またデフォルトにまで至らなかったとしても，発行体の信用力の変化，投資家のリスク回避姿勢などによりローン価値が下落することもあり，短期的にはリターンに悪影響を与えることがある点は留意すべきであろう[10]。万が一，保有ローンがデフォルトに陥った場合には，債権回収率を高めることでポートフォリオへの影響を最小限に抑えることが重要になってくる。

5　コブ・ライト（コベナンツ・ライト）化

　次に，バンク・ローン投資において近年顕著になってきている3つの動きについて，指摘しておきたい。「コベナンツ条項の緩和」，「デフォルト率の低下」，「発行体の財務状況の変化」の3点である。

　第一に，コベナンツ条項の緩和，いわゆる「**コブ・ライト化**」について記しておこう。コベナンツ条項とは，第3章・第4章でも記したが，金融機関が企業に対して貸出を行う際に締結するローン契約で定める借入時の義務のことである。例えば，次のようなものなどが挙げられる。

① 　純資産を維持するなどの財務制限
② 　貸し手に対する定期的な財務状況の報告義務や事業資産を維持すること
③ 　重要な資産の処分禁止

　銀行にとって信用リスクの高い企業に対する貸出債権を保全するためには，借り手のビジネスや財務状況を常にモニターし，返済能力に影響を及ぼす可能性がある場合には，即座に必要な措置をとることが肝要となるのはいうまでもない。このため各種のコベナンツ条項は，バンク・ローンの基となる融資契約において非常に重要な役割を果たしている。本来，これが遵守されない場合には，貸し手と借り手が融資条件についての協議を開始するトリガーとなり，場合によっては借り手の「**期限の利益**」[11]を喪失させて融資金額全額を即日回収することになる。

10 　ただし，この場合でもデフォルトにならなければ償還期日には額面で償還される。

　しかしながら，金融危機後の世界的な低金利環境が広がる中で，いわゆる投資家のサーチ・フォー・イールド（利回り追求）の動きが強まると，ローン契約の条件決定において借り手側が相対的に有利となり，ハイ・イールド債と同レベルの緩い条件が認められるようになっている。

　米国においては,「コブ・ライト」ローンは2013年頃から増加しており，近年,新規に発行されるローンの90％弱にまで拡大している。一方，欧州では，米国に遅行して2015年頃から，その比率が上昇し，足元では90％強まで拡大しているが，金融当局による規制は米国と比較すると厳しいとされている。例えば欧州では，銀行が6倍を超えるレバレッジのローンを組成する際に，事前に規制当局に対して，①債務者が高いレバレッジ水準を維持できると考えた理由，②債務者がより持続可能なレベルのレバレッジに低下させていく具体的計画といった2点について詳細に説明しなければならないという規制がある。一方で，米国にはそのような規制は存在しないことから，現段階では，地域により規制が対照的になっている。

　コブ・ライト化の例としては，例えば①典型的な財務維持コベナンツでレバレッジ倍率（有利子負債／EBITDA＝償却前営業利益）が一定の倍率を超えないこと（を常に維持する）というものがあるが，コブ・ライト化の流れが強まり，借り手は新たに債務による資金調達を実施するときにだけ，そのテストをすればよくなっているのが現状である。そのほかにも，②事業報告の回数が減少（月次から四半期ごとなど）する，③報告内容を簡素化するなどの動きが挙げられる。これに加えて④ドキュメンテーション（ローン契約書）においても，条文の書き方が意図的に曖昧にされ法的な抜け穴が作られるケース[12]も発生しており，借り手の立場が強くなることにより貸し手の保護が弱められているという現実がある。

　このように，コベナンツの緩和によって貸し手は，借り手の状況を常にモニタリングすることが難しくなっているものの，注意すべき点は「ローンにコベ

11　「期限の利益」とは，前もって定められた期限が来るまでは，債務者は債務の履行を猶予してもらえるという債務者の利益（権利）のこと。
12　例えば，当初担保として組み入れられていた資産がいつの間にか除外されていたなどのケースがある。

ナンツが完備されているから良いローンだ」，もしくは「コブ・ライトなので
デフォルトしやすい」という具合に，一概に決めつけることはできないという
点である。むしろ借り手企業のビジネスモデルやバランスシートの強さ，経営
能力，借り手企業に出資しているプライベートエクイティなどスポンサー（資
金の出し手）の経営方針，手腕などが，ローンの質やデフォルトの発生率に大
きな影響を与えている可能性が高いと考えられるからである。

　興味深いことに，ローン投資家が一部のコベナンツ緩和要求に対して謝絶す
る動きが自律的に起こっており，これまでエスカレートしてきたコブ・ライト
化にも一定の歯止めがかかってきているということも忘れてはならない点であ
ろう。

6　デフォルト（債務不履行）率の低下と発行体の財務状況

　第二に，デフォルト率は，金利低下の影響もあって近年低下傾向にあり，過
去10年程度の平均でみると，米国市場では2.0%，欧州市場では2.3%程度であ
るものの，直近では米国で1.5%程度，欧州ではほぼ0%で低下している（2019
年12月末時点）。ただし，業種別では，アマゾン・ドット・コムを筆頭とした
eコマースの急速な拡大を背景に，従来型の店舗を持つリテーラー（小売業）
でファンダメンタルズの悪化が著しく，デフォルトも多く発生している点には
注意が必要であろう。また米国では，原油やコモディティ関連業種の構成比が
相対的に大きいことから，原油などのコモディティ価格が大幅に下落する局面
では，歴史的にデフォルト率が高まる傾向がみられる点も，認識しておきたい。

　デフォルトが発生した場合の債権回収率は，過去10年の平均でみると前述の
とおり50~60%となっており，有担保といえども全額回収できているわけでは
ない。一般に金融機関は融資時に，ローン価値に対して70~80%程度の担保設
定を行うが，デフォルト時には業況の悪化などにより担保価値そのものが下落
することが多くみられるため，バンク・ローンの運用者に対しては，担保価値
そのものだけに依存するのではなく，デフォルト後の再建計画に参画して回収
率を高めることが求められるのである。

　そして第三に，世界的な低金利環境を背景にしたM&Aの活発化や事業活
動の拡大などは資金需要を高め，ローン発行体企業の財務レバレッジ（有利子

負債／EBITDA）は引き続き上昇傾向で推移している。この意味では，従来と比べてデフォルトや投資価値毀損のリスクが高まっていると考えがちだが，次の 3 点についても認識しておくべきだろう。①事業から得た資金で金利を支払う能力を表すインタレスト・カバレッジ（EBITDA／利払い額）は，米国，欧州市場ともに健全な水準にあること，② M&A を目的とした LBO（レバレッジド・バイアウト＝借入金を活用した企業買収）においては自己資本の寄与度が50％程度と過去最高水準にあり，プライベートエクイティなどスポンサーのコミットメントが強いこと，そして③万が一のデフォルトの際にもクッションとなる株式部分が相対的に大きくなっていることなどから，全般的には現状の借り手の財務状況が，顕著に危険な状況にあるばかりはいえないだろう。

　また，市場でのローンの借換え期限が特定時点（年）に集中している場合には，一部企業で借換えができずにデフォルトしやすくなることも考えられるが，現時点での満期集中度をみる限り，少なくとも2023年頃までは，大きな問題とならないという見通しが多い。むしろ過去のデフォルト増加局面をみると，金融危機などのマクロ的ショックに加え，景気過熱後を背景とした金利上昇による支払利息負担増加，（特に米国では）原油などコモディティ価格の暴落などが主なトリガーになっており，こうしたマクロ的なリスクに関して足元の投資環境の変化に十分注意を払う必要があるといえよう。

　とはいえ，借り手企業がローンの元利返済に十分なキャッシュフローを捻出できなくなるリスクは，マクロ的な要因よりも，個別企業の個別要因によって引き起こされることが多いため，バンク・ローンに投資する際にはミクロ的な視点，分析能力を備えた運用者を選択することが重要になってくる。

7　運用者の選択と期待リターン

　バンク・ローン市場の過去10年程度の長期的な平均リターンは，米国市場で年率 5 ％（ドルベース）前後，欧州市場で同 6 ％（ユーロベース）となっている（円ヘッジする場合にはここからヘッジコスト等が控除される）。前述のようにバンク・ローン市場は，リスク対比でのリターンが相対的に高く，高い投資効率を実現しているが，個別のローンを選択してポートフォリオを構築することで，市場平均を上回るリスク調整後リターンを獲得することも可能である。

個々のローンは，借り手のビジネスや財務状況などの銘柄固有リスクが大きいことから，理論的にはこれらのローンを複数適切な比率で保有することで大きな分散効果を得ることが可能である。

バンク・ローンでは，前述のように株式等とは異なり元本のアップサイド・ポテンシャルが限定的であることから，「デフォルトなどの信用リスクを管理しつつ，できるだけ高いクーポン収入を確保すること」が投資戦略上，最も重要なポイントとなってくる。したがって，個別企業の元利金返済能力を正しく予測できる厳格な運用プロセスと高い調査能力を有し，マーケットのアップターン／ダウンターンの両方を経験した運用者を選択することが最も重要な点であるといえよう。近年の「コブ・ライト化」と並行して，借り手企業がコベナンツ（財務制限条項など）に従って提出する財務データも，企業の実態を表すものというより，将来の希望的観測を含んだ「見積り（Pro Forma）」ベースの数字になっていることが常態化しており，数字を正しく扱うことのできる調査チーム，アナリストの存在は必須である。

例えば，借り手企業A社が同業他社を買収した場合に，アナリストが「来期は買収効果により大幅な増収を見込む」ケースや，「買収に使った一過性費用がなくなる効果で来期は増益予想」といった数字を前提に投資しているような場合には，特に注意が必要になってくる。買収による余剰人員の削減効果のように自らがコントロールできる効果は織り込むことができるが，「事業を買収したこと」によって売上が増えるかどうかについては，現時点では不透明な事象であるからだ。また「一過性コスト」がなくなるという前提自体も，来期も同じような買収を行えば再びコストが発生するため，このような財務分析は，バンク・ローンのマネージャーに求められる「元本を毀損させない」慎重なスタンスとは相いれないものといえる。

企業は動的な存在であることから，投資対象となるローンを評価する際には，現時点で財務諸表上にある有利子負債と自己資本，EBITDAなど過去の数字，いわばビジネスのアウトプットを比較するだけの静的な分析ではなく，ビジネスモデルや競争優位性，経営力などのビジネス価値を構成するインプットに着目して，将来の企業価値をベースに考えることは非常に重要である点を忘れてはいけない。

　例えば現在，財務レバレッジが（有利子負債／EBITDA）が3倍なので安全だと思っていても，その企業のビジネスモデルの競争力が失われ，じり貧になれば2～3年後には財務レバレッジが6倍になってしまっていることも考えられる一方，現在は財務レバレッジが高くても強いビジネスモデルを持っていれば，そこから得られたキャッシュフローで短期間に負債の大部分を返済できるケースもあるからだ。

　ローンへの投資の本質が，クーポンを獲得しつつ，かつその元本を確実に回収することであるとすれば，キャッシュフローの源泉である企業のビジネスに注目することは合理的であり，ローンの魅力度を分析する上では最も有効な手法であると考えられる。つまり，バンク・ローン投資にあっても，運用者の将来に対する選球眼が求められている点では，他の伝統的資産への投資と変わらないといってもよいだろう。

（執筆担当：西野慶太）

オルタナティブデータの衝撃

第6章

オルタナティブデータが変える金融市場

　オルタナティブアセット運用の主要プロダクトの整理に続き，第6章以下では，オルタナティブデータが実際に資産運用の現場でどのように活用されているか，また，そこでどのような課題があるかについて明らかにしていきたい。オルタナティブアセットの運用が，特に機関投資家の間で定着してきたのに対し，オルタナティブデータの活用は，まさに草創期であり，群雄割拠の状態であるといえる。

　コンピューターサイエンスの進展に裏づけられたオルタナティブデータ・AI（人工知能）といった新たな情報形態や分析手法の台頭に伴い，アセットマネジメント会社のビジネスモデル自体が，大きな変革を迫られているといえよう。本章では，オルタナティブデータに焦点を当て，新種の情報がアセットマネジメント・ビジネスや金融市場に与える影響について考察したい。

第1節 オルタナティブデータ活用の3つの工程[1]

　アセットマネジメント会社は様々な金融商品を提供しているが，再現性・透明性を確保するために商品ごとに運用プロセスが定められている。ヘッジファンドやアクティブ運用ファンドは，そのプロセスに従って収益獲得を目指すが，

1　三橋威夫「オルタナティブデータが変える資産運用と金融市場の将来」『週刊　金融財政事情』2019年3月18日，36〜39頁をもとに執筆。

他のプレーヤーとの差別化要因となるのは，次の3つの工程にあるといえよう。
①　情報の取得
②　情報の処理・分析
③　執行までの速度・コスト

このすべて，もしくはいずれかで，いかに相対的な優位性を築くかが，アセットマネジメント会社の経営戦略や運用商品を設計・開発する上で重要なポイントとなる。

例えば，株式運用においては，従来，企業の決算資料や財務情報，株価などの市場情報に加え，セクターアナリストによる企業取材，セルサイドアナリストレポートなどが投資判断のための主たる情報だった。それに対して，①の情報取得面で近年注目されているオルタナティブデータは，次の3つのカテゴリーに分けられる。第一に，ソーシャルメディア投稿，製品レビュー，検索トレンドなどの個人により生成されたデータ，第二に，会社の排気データ，商取引，クレジットカードデータなどの企業活動により生成されたデータ，第三に，衛星画像，徒歩・自動車の交通量，船舶の位置などのセンサーにより生成されたデータである。

1　オルタナティブデータとAI

これらのデータを高速に処理分析するために利用されるのが，AIである。日本では，AIという言葉だけが独り歩きしてあたかも万能な予測マシーンであるかのような幻想を抱いている人も少なくない。しかし，アセットマネジメントの分野においては，「オルタナティブデータをAIという道具を用いて新種の情報に変換した上で，有益なインプット情報として運用プロセスに取り組む」ことが本質となる。ここでいう有益性とは，主にリアルタイム性とユニークさの2つの視点から測られる。オルタナティブデータを活用する意義は，予測対象期間の短期化と，そこから生まれる投資戦略の独自性の確保にある。

例えば，POS（Point of sale system：販売時点情報管理）データなどの消費者購買データを用いて日次でインフレ率を評価することや，携帯電話から発信される接続状態を確認する信号（ping）を用いて，小売店舗への来客数の変化から日次で売上予測すること，そして衛星画像を用いて農作物の収穫量や石油

掘削装置の状況をリアルタイムでモニタリングすることが可能になる。

　これらは従来，経済統計として月次で発表される消費者物価指数，企業の四半期ごとの業績発表，週次のリグ数（油田等の掘削装置）稼働数など，実際の経済活動とタイムラグのある形で，かつ，低頻度でしか利用できなかった情報の頻度を高めることで，情報優位性を確保し，主に短期的な投資戦略に活用しようとする試みである。ただし，投資判断に使えるデータが直ちに簡単に入手できるわけではなく，データセットの購入，整理，分析，モデル化というプロセスに従って，AIを利用して取引可能なシグナルやファクターを抽出する技術と時間が必要になってくる。

　株式運用におけるこれらのデータの活用範囲は，小売りや外食などある程度限られた業種に特定されるものの，排他性・先行性が高ければ高いほど付加価値創出能力が高く，その希少性からデータ取得コストが非常に高価となる。クレジットカードなどの消費者購買データは，高額であるといわれる一方，安価に手に入るようなデータであれば，当然の帰結として付加価値の創出能力は低下する。他者がアクセスできないデータをより早く独占的に入手することにより，投資対象となる企業の将来株価の予測力を高めるためには，当初投入可能な資金力がものをいうわけである。

2　AIとアセットマネジメント

　世界のアセットマネジメント会社が支払うオルタナティブデータにかかるコストは，データソース・データ管理・データサイエンス・システム開発・ITインフラを合計すると，2020年には80億ドル前後になるともいわれている。激化するオルタナティブデータの活用競争は，データのみならずデータ解析・計量モデルの開発を担当するデータサイエンティスト・クオンツ人材にも熱き視線が注がれる要因となっている。このような争奪戦は，アセットマネジメント会社間だけでなく，ハイテク企業との間でも熾烈を極めている。当該分野で博士号を持つ新卒者にヘッジファンドが出す条件は，基本給として最低でも10万ドル，加えて基本給の50〜100％相当の賞与を支払うのが相場だ（2019年段階）。近年，その賃金は右肩上がりに上昇しており，同じリサーチ業務でも，横ばいとなっている業種アナリストとは好対照をなしている。

　現在，アセットマネジメント会社がひしめく金融街では，オルタナティブデータに関するカンファレンスが頻繁に行われるようになったが，その参加者の顔ぶれは顕著に変化してきている。従来，ほとんどの参加者がクオンツ系ヘッジファンドの運用者だったものの，近年では伝統的なロングオンリーのミューチュアルファンドの運用者が多く参加するようになっている。その関心の主眼は，従来型のジャッジメンタルな運用プロセスにオルタナティブデータをいかに取り込むかということにあり，一部の限られた金融数理の世界からオルタナティブデータを活用する投資家の裾野が広がっていることがうかがえるだろう。

3　AIによるデータ分析と取引執行

　次に②の情報処理・分析能力とは，従来から多くの伝統的ジャッジメンタル運用者が付加価値創出の拠り所としていた差別化要因である。しかし，近年の情報化社会の進展に伴い，入手可能な情報の量や多様性，処理スピードが向上しており，従来の人間によるアプローチではほとんど追いつくことができなり，多くの運用者の優位性は失われつつあるとの意見が強まっている。コンピューター取引を駆使し，人間の判断を極力介さないクオンツファンドの米国の株式売買代金に占める割合は3割程度まで，この5年で2倍以上に増えている。

　また，一見，希少性が認められないような決算発表などのニュースにおいても，文字・音声・画像といったアナログデータを自然言語処理や画像解析する際，AIを用いて市場参加者が活用できるような形に変換できれば，有益な情報となる。これらのスキル修得の難易度は高い上，効率的に行うための分析・適用対象範囲の選択には，金融的知見も必要となる。よって，希少性が低いデータでも，金融の知見を生かして，大量のデータを迅速かつ均質的に処理・分析できれば，資産運用上の相対優位性は確保されるだろう。

　現在，インターネットトラフィック[2]の約5%は，ヘッジファンドがウェブサイトからデータを切り抜く（スクラップする）ことによって生じるといわれている。**図表6－1**は，米国証券取引委員会（U.S. Securities and Exchange

---

2　インターネットを通じて送受信される情報。

図表 6 - 1　米国規制当局への提出書類の月次アクセス回数の変化

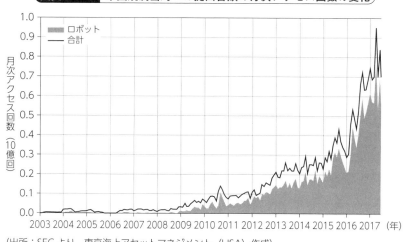

（出所：SEC より，東京海上アセットマネジメント（USA）作成）

Commission）が全上場会社に課する10-K，10-Q，13-F などのレギュレタリー
ファイリングへのアクセス状況を示している。アクセス数の増加が，機械によ
るアクセス[3]によって近年加速していることがわかる。従来から存在したとし
ても，人の手によるマニュアル対応では活用に限界があったデータに対して機
械的にアクセス・取得し，AI で処理することにより，アセットマネジメント
分野での活用が拡大していることを示しているわけである。

　資産運用の現場において②の情報処理や分析能力は，投資判断を迅速に取引
執行につなぐ能力と一体化することで意味を持ってきており，③の執行までの
速度・コストをいかにしてコントロールできるのかがポイントとなる。言い換
えれば，アセットマネジメント会社が高額な料金や分析コストを支払い，オル
タナティブデータを導入する動機は，リアルタイム性と独立性の高い情報を投
資判断に結び付けることにある。しかも，データの頻度やアベイラビリティ
（可用性）が学習可能な量を規定するため，多量の学習データが確保できる短
期投資の方が予測力は高くなる。

　その結果，投資行動は短期・高頻度にならざるを得ず，必然的に，前述の執

3　ここでは1秒間に10件以上アクセスしたものを定義。

行速度・コストの差別化が付加価値の創出に欠かせない要素となってくる。投資行動の変化が，売買量を増加させるため，その執行にかかる時間的浪費や売買手数料の圧縮が求められるわけである。

第2節　オルタナティブデータと金融市場・投資戦略への影響

　2000年代前半から中盤にかけては，モメンタムやバリューといった伝統的なファイナンス理論に基づいたスタイルファクターに投資するクオンツファンドが人気となり，多額の資金が流入した。しかし，2007年8月に，特定ファンドの解約がきっかけとなり，大多数のクオンツファンドが巨額の損失を被ったのは記憶に新しいところである（クオンツ流動性ショック）。これは，統計的には1000年に一度以下の頻度でしか起こり得ない規模のインパクトであった。

　この時の教訓を受け，第2章第1節で記したように，多くのファンドは伝統的なスタイルファクターにリスクが集中することを避け，オルタナティブデータを活用して戦略の多様化・独立性の確保に努めてきた。今後活用されるオルタナティブデータの種類が増え，分析アプローチも多様化が進むようであれば，こうしたショックを緩和する方向に作用するかもしれない。

1　課題となるオルタナティブデータ活用の同質化

　しかし現在，米国のオルタナティブデータのエコシステム[4]において，新しいデータセットを提供する会社よりも顕著に増えているのは，データプロバイダーと投資家との間をつなぐ会社である。これらの会社は，本来投資家が行うデータの集約・整理，データの分析・モデル化，完成したモデルを用いた売買推奨シグナルの作成，といった各段階の作業を肩代わりして行い，投資家のニーズにあった（中間）成果物を標準化された形で提供している。

　こうした傾向が続き，**オルタナティブデータから導かれる戦略が汎用化を経て同質化**へ進むと，投資家の投資期間が短期化している状況も相まって，フ

4　オルタナティブデータに関連する様々な役割を担う構成員が，互いに連携する枠組み。

ラッシュクラッシュなどの急変動現象の発生頻度を高め，市場ボラティリティおよび相関が高まるおそれがある。

今後，オルタナティブデータの活用が標準になれば，経済活動の市場への反映のタイムラグは短くなり，四半期企業業績や低頻度のマクロ経済統計などの伝統的なデータへの注目は低下し，市場へのインパクトは薄れてくる。さらには，経済指標の発表と同時に既存のポジションの巻き戻し（解消）により，証券価格が本来予測された動きとは逆の動きをするケースなども起こり，従来の中期的な投資期間を対象とする戦略が機能しなくなるだろう。

現在，オルタナティブデータの活用を通じて起きていることは，データの更新頻度および分析処理速度の向上を通じた，予測対象期間の短期化とそれに伴う取引の高頻度化である。これにより，従来型の中期的投資戦略の無効化につながる可能性があり，結果として，**市場参加者の短期と長期の投資に二極化**が進むことが想定されよう。このことは，市場に影響を与える情報を受動的に受け取ることを前提に情報テイカーとして短期的な投資行動を起こす投資家と，自ら投資対象に働きかける情報メーカーとして長期的な投資行動を起こす投資家との棲み分けが進むということであり，言い換えれば，機械と人間との棲み分けがなされるということでもある。

2　投資ホライズンの二極化と投資情報

例えば，経営者との対話を通じて増配や遊休資産の売却を促すような，人間同士のかかわりから生まれるコーポレートイベントの発生やそれに伴う企業価値の変化は，どんなにコンピューターサイエンスが発展しても機械では捕捉することはできない。おそらく，近年のフラッシュクラッシュの頻発は短期化に伴う現象であり，この動きのアンチテーゼとして，ESG のような長期のキャッシュフローに対する関心が高まっているともいえよう。

一方，対話型株式ファンドにおいて，投資家と企業の対話のツールとして，オルタナティブデータの利活用を模索し始めている。従来の対話は，投資家として自らの専門性がある金融・財務面での改善提案が中心であった。しかし，販売データやウェブアクセスデータ等のオルタナティブデータの解析に基づく新たな対話が可能となれば，在庫・販売管理分野のみにとどまらず，プロモー

ション・マーケティング・価格付けといった分野の改善提案に及ぶことになろう。ユニークなオルタナティブデータ解析に基づくエンゲージメントを通じた投資家と企業双方の気づきが，小売業だけでなくメーカーも含めた多くの企業の本業にかかわる経営意思決定にまで及び，新たな付加価値の創造につながる可能性がある。それは，今後の資産運用の強力な武器となり，長期投資の魅力を高めることになるだろう。このように，投資情報を取り巻く環境の変化に応じて採用する投資スタンスを柔軟に選択していくことが，アセットマネジメント会社として付加価値の創出に不可欠になってきているといえよう。

第3節 | AIを活用するアセットマネジメント[5]

　以上のように，現在，金融市場においてオルタナティブデータが注目されてきているが，人類の歴史を遡れば，情報の重要性を説く事例は数限りない。1815年ワーテルローの戦いにて英国勝利の情報をいち早く手に入れたロスチャイルドが，国債取引で莫大な利益を上げ，その後，数世紀にわたる一族による金融界の支配を可能としたという話はよく知られている。一説には，船で輸送される新聞が中心的な情報取得手段であった時代に，伝書鳩を使って他の投資家よりも一足先に情報を入手したのが決め手であったともいわれている。前節で記したように現代の資産運用においても「情報を制するものが運用を制する」だけに，有史以来の鉄則である「いかに，①迅速に，②偏りのない，③重要度の高い情報を，④効率的に，⑤たくさん取得できるか」が勝負を決するといえよう。

　情報取得という観点からは，ビッグデータの活用が資産運用分野で注目を集めている。それは**非構造化データ**と呼ばれる，文章，音声，動画といった従来はデータとしての活用が困難だったアナログデータが，AIの進歩によりビッグデータとして活用可能になってきているからである。ビッグデータの活用を通じて情報の多様性と優位性を確保できてはじめて超過収益の獲得が可能になるとすれば，AI・ビッグデータの活用は，さしずめ「現代の伝書鳩」ともみ

5　三橋威夫「Tokio Marine Asset Management（USA）のビッグデータ解析—Hurricane Harveyを例に—」『東京海上アセットマネジメント・機関投資家向レポート』2017年9月をもとに執筆。

なせよう。資産運用プロセスにおいて，今後ますます必要不可欠なスキルとなるのは間違いないだろう。

　以下では，オルタナティブデータである非構造化データを活用した事例を取り上げ，先に述べた「AI という道具を用いて，新種の情報に変換した上で有益なインプット情報として運用プロセスに取り込む」工程をみていく。第 3 節では，オルタナティブアセットの 1 つである CAT ボンド運用におけるニュース・テキストデータの活用，第 7 章は，伝統的資産の国内株式におけるアナリストレポートのテキストデータの活用，そして，第 8 章は，リアルタイムで把握しがたい不動産価格の見える化がオルタナティブデータ取得の一種になりうる点について順次整理していくことにする。

1　ビッグデータを活用した CAT ボンド投資の具体例

　AI・ビッグデータを資産運用に活用する領域は，伝統的資産だけではなく，オルタナティブアセットも含んでいる。本節では，オルタナティブデータのオルタナティブアセット投資への導入事例として，CAT ボンド・保険リンク商品を取り上げたい。

　数値化されていないテキストデータをコンピューターで処理し，扱いやすい情報に変換する自然言語処理技術は AI の中で最も適用範囲が広く，技術上の有効性が高いとされている。そのため，アセットマネジメント会社が，データ解析会社と協働するケースが増えてきているのが現状である[6]。ここでは，テキストデータを活用した事例として，2017年 8 月下旬に米国を襲ったハリケーン Harvey を例に挙げて，ビッグデータを用いて運用上有効な情報を得るまでのプロセスを示したい。

　まず，事実確認をしておきたい。ハリケーン Harvey は，メキシコ湾で熱帯低気圧からカテゴリー 4 まで急速に発達し，2017年 8 月25日の夜，テキサス州南部の小都市 Rockport に風速 1 時間当たり130マイル（215kph），最低気圧

6　東京海上アセットマネジメントは，2020年 5 月現在，自然言語処理技術を用いたニュースデータ解析分野における世界の第一人者である RavenPack 社と共同で研究・開発を行っている。

938mb，カテゴリー4の勢力のまま上陸した。米国では，2004年のハリケーン
Charley以来最強のハリケーンとなり，大型ハリケーン（カテゴリー3以上の
強度）としては，2005年にカテゴリー3で上陸したハリケーンWilma以来の
上陸であった。

　上陸後，勢力を弱めトロピカルストームに格下げとなったものの，進路を反
転し米国で4番目の人口を誇る230万人の大都市ヒューストン，沿岸都市ガル
ベストンに向けて速度を落とし南下。異例の長期間，大雨を伴いながらテキサ
ス州南部にとどまった。ヒューストンでは，5日間雨が降り続き，近郊の降水
量は50インチを超え，米国本土史上最大の洪水が発生した。その後，一旦海上
に抜け，同年8月30日の朝，テキサス州の隣のルイジアナ州にトロピカルス
トームの勢力で再上陸，その日の晩には熱帯低気圧となり消滅した（この間の
進路については図表6-2参照）。

図表6-2　ハリケーンHarvey経路

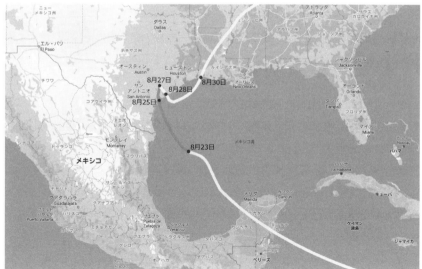

（出所：東京海上アセットマネジメント）

2　テキストデータによる状況把握の高度化

　次に，CAT ボンド運用に際して，どのようにビッグデータの解析を行い資産運用における有効な情報として活用したかを，有効な情報の要件として前記した「①迅速②偏りのない③重要度の高い④効率的⑤たくさん」という視点に照らし合わせながらみていく。

　図表6－3は，24時間，絶え間なく発信される全世界のニュース記事やブログなどのウェブデータを収集・処理したモニタリングツールである。具体的には，その中から自然災害に関するデータを抽出し，災害種類，位置に加え，文章中で使われている単語などをもとに自然言語処理技術を用いて計算されたインパクト（＝深刻度×注目度）という3つの情報に集約している。リアルタイムで世界地図上に表示させることで，モニタリングツールのスクリーンを通して，視覚に訴える仕様としている。図では，期間を2017年8月中として，そ

図表6－3　リアルタイム災害マップ

Disaster Map (August)

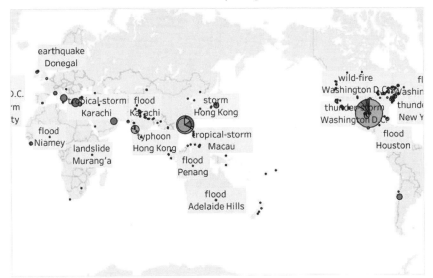

(出所：東京海上アセットマネジメント（USA）)

の間に起きた災害をすべて表示しているが，円の位置が場所を，色が災害の種類を，大きさがインパクトをそれぞれ表している。最も大きいのは米国テキサス州に位置するHarveyだが，それ以外にも実に様々な場所で様々な自然災害が起きていることがタイムリーに一覧できるだろう。

　このプロセスを分解すると，「ネットなどを通じて（④効率的）絶え間なく発信されるデータ（②偏りのない，⑤たくさん）を収集し，3つの情報（③重要度の高い）に集約して，リアルタイム（①迅速）に提供する」という有効な情報収集の要件のすべてを満たしていることが確認できよう。

　次に，ハリケーンHarveyの影響の大きかったテキサス州にフォーカスして，Harveyの特徴がどのようにビッグデータによる情報で裏づけられるか確認してみよう。

　図表6－4は，先のマップをテキサス州にフォーカスして，同年8月26日，27日の2時点の状況を表示したものである。26日の左図では上陸した都市

図表6－4　テキサス州リアルタイム災害マップ

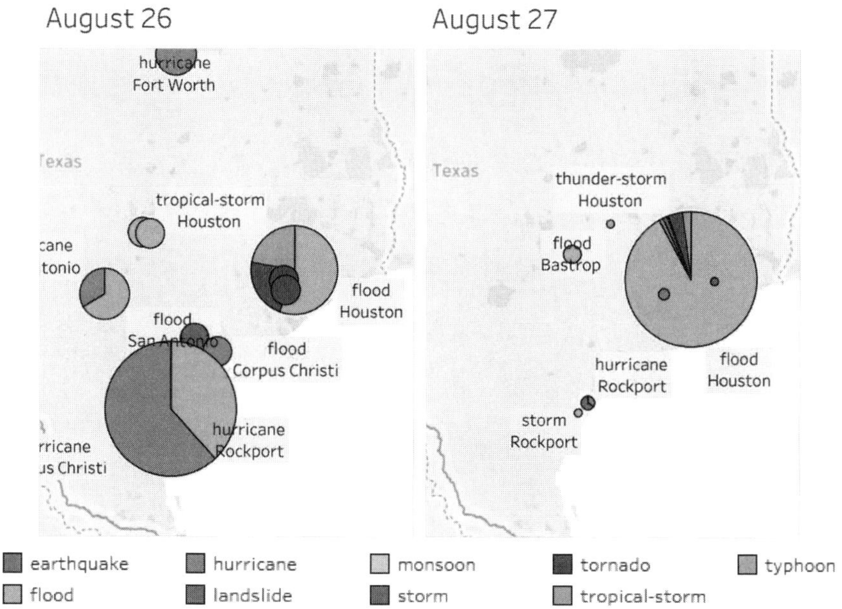

（出所：東京海上アセットマネジメント（USA））

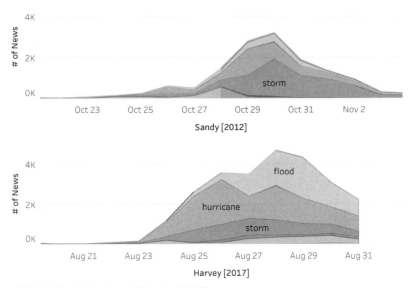

図表6-5 ニュース内容の時系列変化（単位：K＝千）

（出所：東京海上アセットマネジメント（USA））

Rockport を中心に「ハリケーン（Hurricane）」というテキスト（主として強風被害を示す言葉）が大きなインパクトとして計測されているが，1日経った27日の右図では注目は Houston に移り，インパクトの中心は「洪水（flood）」として計測されていることが確認できる。これを時間経過に伴う変化がわかるようにしたのが**図表6-5**（下段）である。

図表6-5は，横軸に時点，縦軸には注目度を表現する変数としてニュース記事の数の推移を表している。最初は，「ハリケーン」として，その後は「洪水」に注目が移っていることが視覚的に一目瞭然になっている。通常，テレビのニュースでハリケーン情報を伝えるレポーターが強風にあおられながら，ずぶぬれになって現地の状況を報告する映像などを見て，視聴者はハリケーンの影響度をイメージするが，ビッグデータ解析では，深刻度を定量化してシステマティックに把握することができる。これは，ほぼ無数のレポーターを不特定の情報発信地に配備し，その中から災害に関連する地点に配備された多数のレポーターから文字情報を受け取り，状況を把握していると考えることができよ

う。発信される情報量と，文章中で使われている単語のセンチメントなどをもとに，深刻度を計量化しているため，低コストで（④効率的），首尾一貫した（②偏りのない）方法だといえるだろう。

　また**図表6－5**の上段は，2012年に米国東海岸を襲ったハリケーンSandyのケースを表示している。Sandyは，カテゴリー1に分類され，風の強度はHarveyほど強くはなかったものの，暴風域が非常に広く，ニューヨーク，ニュージャージーといった都市部を襲ったこともあり，「ストーム」「ハリケーン」としての強風被害を中心に，接近に伴ってゆっくりと注目度が高まっていった。それに対し，Harveyは短期間で急速に強度を増したため，注目度も一気に高まった様子が，図の形状から把握できる。

　また被害の大きさはほぼ同程度だったにもかかわらず，2012年当時と比較すると近年は誰でも容易にネットを通じて情報発信できるようになったため，取得できるデータ量が格段に増加していることも確認できる。新聞，雑誌など紙媒体のネットへの移行，SNSの普及などにみられるように，この傾向は今後も継続し，ますます大量のデータが提供されることが予想され，データとしての有効性が高まると考えられる。この有効性は，CATボンド等の運用における状況把握レベルを高め，意思決定の高度化に貢献するといえよう。

3　データの信頼性と予想

　情報発信が容易になり利用可能なデータ量が増える一方，内容の信憑性低下の指摘もある。この点について十分に考慮していくことは，資産運用に活用する際に求められているのはいうまでもない。

　図表6－6は，各時点におけるビッグデータから抽出された「Harveyにより被った経済損失額・保険損失額」の予想値の分布であり，薄い色（上位四分位）と濃い色（下位四分位）の境目が中央値を示している。洪水被害は，通常の住宅保険には含まれないため右側の保険損失の予想額の中央値は，200億ドルであり，時間が経過しても安定的に推移しており，分布のばらつきも限定的である。それに対して，左側の経済損失の予想額は大都市ヒューストンでの洪水被害が明らかになるにつれ，中央値も上昇し，ばらつきも大きくなっているのが確認できる。

152

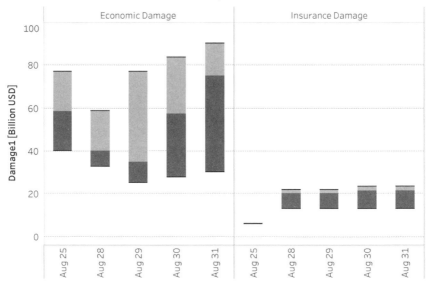

図表6-6 経済損失・保険損失予想額の分布の推移

(出所：東京海上アセットマネジメント (USA))

　これらの抽出されたデータの中には，専門家が綿密な調査に基づき発表した予想から一個人の単なる憶測まで，様々なレベルの信頼度の予想が含まれているはずである。本来であれば，専門家の予想のみに集約することで，予想精度を高めようとするものの，このケースでは，ばらつきのある精度のままで十分であると考えている。むしろ，このような各レベルの精度の予想が存在した方がよいのである。不思議に思えるかもしれないが，それは次の2点を理由とする。

　第一に，データの中に信頼性の低いノイズが含まれていることは，データ・サイエンスでは極めて一般的なことであり，前提とされているからである。統計的な処理を通じて予想精度を高めるためには，数の限られたデータよりも，なるべく多くの偏りのないデータを対象として解析する必要がある。

　第二に，データ解析の結果として導き出された情報を使うのは，保険会社の損害査定員ではなく運用者であり，確定していない損害額予想の中心地だけで

なく，ばらつき具合も含めて，投資判断を行うための重要な情報となるからである。著名な経済学者ケインズの「投資は美人投票のようだ。すなわち，自分が美人だと思う投資（例えば株式）を選ぶのではなくて，他の人が美人だと思う投資を選びなさい」[7]との至言は，多くの人々の選好が，どのようになっているかの把握が大切である点を説いている。つまり，絶対的な正確さが追求されるのではなく，相対的な位置づけの把握が求められており，ノイズやゆらぎの存在は，必要不可欠といってもよいだろう。

　運用者にとってより精度の高い予想を追求することは重要なことだが，それには多大なコストと時間がかかることを覚悟しなくてはならない。時間が経過したのちに，最終的に判明する確報値より，むしろそれが判明するまでの過程において，世の中のコンセンサスがどこにあり，どう推移していくかを把握することの方が，運用においては価値があるはずである。その点で，予想のばらつきが大きいという事実は，重要な情報を含んでいることを意味する。例えば，損害額に応じて元本毀損度合が決まる CAT ボンドは，損害額を原資産としたオプションを売っているのと同じ性質を持っているため，予想損害額のばらつきの大きさは不確実性が大きいことを意味し，売っているオプションの価値を高めることになる。売却しているオプションの価値が高まるということは，CAT ボンドの価格が安くなることを意味するため，ばらつきの変化を把握することは，CAT ボンドの価値の変化を把握することにつながるわけである。

　以上のように，従来は，レポーターやアナリストに高いコストをかけて行っていた属人的な調査を，AI を駆使しビッグデータを解析することで代替させ，投資判断に有効な情報を効率的に取得することが可能になってきている。「他の人よりも少しでも先に知り，より深く理解したい」という人々の欲求はとどまるところを知らない。「足で情報を稼ぎ，頭で分析する」という伝統的なアナリスト，ファンドマネジャーが，ビッグデータという情報源と AI という頭脳にアシストされ，さらなる付加価値を生み出し始めているといえよう。

　CAT ボンドの世界は，風水害などに対する人々の予想の変化に依存するため，視覚的に把握しやすい領域かもしれない。それだけにテキストデータの視

7　J. M. Keynes（1936）"The General Theory of Employment Interest and Money".

覚化が，効果を発揮しやすいともいえる。一方で，伝統的資産の1つである株式市場では，企業財務データという定型化された資料が豊富であり，企業のディスクロジャー資料に則り数値で分析するのが一般的であった。しかし，この数字の世界の領域にも，オルタナティブデータの活用の波が訪れている。次章では，アナリストレポートのテキストマイニングについて詳述したい。

（執筆担当：三橋威夫）

第7章

オルタナティブデータの意義：
アナリストレポートのテキストマイニングを例に

　資産運用において使用されるデータは，前述したように構造化データと非構造化データに大別することができる。構造化データは，定量データに代表される，計算機上で処理することが容易であるデータである。一方，非構造化データは，文書，画像，音声，等々の，人間が理解・解釈することは可能なものの，計算機上で処理することが容易ではないデータである。

　前者の構造化データは株式運用（特にクオンツ運用といわれる運用形態）において，今までも一般的に利用されてきた。それに対して，オルタナティブデータという呼称で注目され始めているのが，後者の非構造化データである。昨今，これらデータが脚光を浴びているのは，技術面，需要面双方の理由がある。まず，技術面の理由としては，非構造化データは，そのままでは活用しづらい点がハードルとなっていたが，昨今の AI 技術等の発展により非構造化データの利用が容易になっている面がある。需要面の理由としては，既存の構造化データをベースとした伝統的な運用手法の行き詰まりが挙げられる。特に，フェア・ディスクロージャールールが徹底されつつある近年においては，機関投資家の情報優位性は失われ，伝統的な運用手法でベンチマークを上回る投資成果を上げることが難しくなっている。そのため，公開情報でありながら，一般投資家にとっては扱うことのハードルが高いオルタナティブデータが，新たなアルファの源泉として注目されている。

　オルタナティブデータの扱いについては，一般化しにくく，概説的な議論ではイメージが湧きにくい。そこで本章では，保険リンク証券に関するデータに

続き，非構造化データの代表格であるテキストデータを取り上げ，証券アナリストの文書テキストに対する実際の分析・検証事例を通して，データを扱う上での注意点，オルタナティブデータ自身の意義について議論していきたい。

第1節 | アナリストレポートのテキストの重要性

1 レポートのトーンの情報価値

証券アナリストが発行する個別銘柄のリサーチレポートは，投資判断の上で重要な材料として，機関投資家のみならず個人投資家にも大いに参照されている。アナリストは，公開情報および企業取材によって得られた情報をもとに企業の業績を予測する。そして，業績予想をもとに株価の適正価値を算出し，銘柄の推奨（買い・中立・売り推奨）を行っている。彼らのレポートが，株価に関して有用な情報を提供しているか否かは，米国株式（を対象としたアナリストレポート）を中心に，多くの研究がなされてきた。その結果，銘柄推奨や業績予想などの定量的なアウトプットは，株価に関する有用な情報を内包していることがわかっている（Stickel, 1995；Womack, 1996；Francis and Soffer, 1997）。日本株式においても，近藤ら（2009）によって，銘柄推奨が有用な情報を内包していることが実証的に示されている。

そして，近年，これら定量的なアウトプットだけでなく，定性的なアウトプット，特にアナリストレポートの文章上に表出しているアナリストのセンチメント（レポートのトーン）が注目され始めている。

レポートのトーンの有益性について，双方の可能性が議論されている。有益性を支持する考えとしては，アナリストは定量情報（特に銘柄推奨）の算出・公表に関して様々な制約があり（Barber *et al.*, 2007），いくつかの有益な情報がレポートのトーンに表出しているという議論がある。その場合，レポートの楽観的なトーンに対して，株価はポジティブな反応を示し（株価上昇し），レポートの悲観的なトーンに対しては，株価はネガティブに反応する（株価が下落する）。一方で，レポートのトーンは，単にアナリストの文章の癖，もしくは心理バイアスを反映しているだけであるという主張もある。その場合，レ

ポートのトーンは，株価に影響を与えないか，一時的に誤った方向に株価に導いてしまう（短期的なミスプライシングを発生させる）と考えうる。

　レポートのトーンの情報価値の検証は，アナリストの資産価格形成上の役割を理解する上で重要な意義を持つものの，情報価値に関する実証研究は限られている。Twedt and Rees（2012）および Huang *et al.*（2014）は，米国株を対象としたレポートの楽観的（悲観的）な文章のトーンに株価がポジティブ（ネガティブ）に反応することを報告している。

　このように，いくつかの米国株を対象とした実証分析において，レポートのトーンの情報価値を支持する結果は示されているものの，数としては限られている。また，これら論文は，レポート発行時の短期的な株価反応の分析にとどまっている。情報価値があることを示すには，レポート発行後のリターンを分析し，半永久的なインパクトを与えたことを示す必要があり，情報価値に関する十分な証拠が示されたとはいいがたい。

　米国株以外の検証は，さらに限られている。日本株を対象としたレポートのトーンに関する分析は，工藤ら（2017）の検証が挙げられるが，定量情報が変化したレポート（銘柄）に対する交互作用効果の分析であり，トーンが独立した情報として有益かについての分析は行われていない。

　本検証では，日本株を対象としたアナリストレポートの文書トーンを検証する。レポートのトーンに関しては，後述する辞書的手法を用い評価した。そして，レポート発行時の短期的な株価反応のみならず中長期的な事後リターンも分析し，レポートのトーンの情報価値について詳細な分析を行っている。

2　アナリストレポートに関する先行研究

　アナリストレポートの有用性については，銘柄推奨度や業績予想などの定量的なアウトプットを中心に分析されてきた（Stickel, 1995；Womack, 1996；Francis and Soffer, 1997）。しかしながら，Tsao（2002）や Ramnath *et al.*（2008）が指摘しているように，これら定量的アウトプットは，縮約された一部の情報であり，アナリストレポートの本文（定性情報）には，重大な情報が残されている可能性がある。また，定量的アウトプットの公開に関しては，様々な制約があることが指摘されている。例えば，所属会社の IPO ビジネス

を妨げないため（Cowen *et al.*, 2006），マネジメント・IR と良好化関係を維持するため（Das *et al.*, 1998；Libby *et al.*, 2008, Mayew, 2008），売買コミッション獲得のため（Jackson, 2005；Irvine *et al.*, 2007），アナリストは，悲観的な業績予想および売り推奨が控えられる傾向にある。これらアナリストの利益相反事項が，定量的アウトプットにおける彼らの（正直な）意見の反映を妨げ，それらの情報価値を下げているといわれている（Michaely and Womack, 1999；Barber *et al.*, 2007）。

　その一方で，アナリストレポートの文章の内容は，比較的自由度が高い。そのため，文章のトーンなどの定性的アウトプットの方が，彼らの真の意見が反映されていると考えることができる。特に，彼らの銘柄に対する強気度，弱気度は，アナリストレポートの文章のトーン（楽観度，悲観度）にこそ表れているとも考えることができる。

　一方で，逆の議論も可能である。Twedt and Rees（2012）が指摘しているように，情報を十分に持っていない（洗練されていない）アナリストが，彼らの情報不足を曖昧にする（カモフラージュする）ことを目的にレポート本文を装飾するケースがある。加えて，レポートのトーンは，アナリストの文章の癖を反映している可能性もある。また，レポートのトーンは，定量的アウトプットと同様，様々な認知バイアスの影響を受けている可能性も留意しなければいけない。例えば，アナリストの長期成長率の予想は，楽観性が顕著であり（Lakonishok *et al.*, 1994；La Porta, 1996），過去業績が良かった銘柄に対しては，予想がことさら楽観的である。レポートのトーンは，これらバイアスを反映しただけである可能性も否定できない。

　トーンの情報価値の検証については，Twedt and Rees（2012）や Huang *et al.*（2014）が，レポート発行前後に株価が強くトーンに反応していることを示している。ただし，前述のとおり，情報価値の検証には，レポート発行時の短期的な株価反応のみならず，長期的な反応を検証し，半永久的な株価インパクトが発生しているか検証する必要がある（Tetlock *et al.*, 2008）。しかし彼らの研究は，レポート発行後の株価挙動に関しては，十分な検証はなされていない[1]。

　また，上記分析は米国株式のアナリストレポートの分析であるが，日本株式対象になると，太田（2009）の実証分析が挙げられる。この分析は，2007年7

月から 8 月にかけて発行されたある外資系証券の232レポートに対し，調査する14項目ごとに手作業で数値化していく方法をとっている。しかし，手作業であるため，サンプル数，分析対象期間ともに限られており，議論の一般化には限界があるといえよう。

　また，工藤ら（2017）は，アナリストレポートの文章のトーンについての実証分析を行っている。しかし，定量的アウトプット（銘柄推奨度，業績予想）が変化したレポートに対する株価反応がレポートのトーンにより異なるかという，交互作用効果の分析に限定されており，トーン自体が（株価にインパクトを与える）独立した情報を含んでいるか（いわゆる主効果）については，検証はされていないのが現状である。

3　仮説の導出

(1)　レポートのトーンに対する株価の反応

　レポートの定量情報（銘柄推奨度，業績予想など）には様々な制約（インセンティブ要因など）が存在する一方で，文章の表現には裁量の余地が比較的大きい。このことから，アナリストレポートのトーンに，定量的アウトプットにはない情報が内包されている可能性が高い。このような情報は，株価に影響を与える可能性が高いので，以下のような仮説を立てることができる。

　仮説 H1$_a$　アナリストレポートの楽観的（悲観的）なトーンに株価は正に（負に）
　　　　　　反応する

　一方で，レポートのトーンは，アナリストの文章の癖，認知バイアスなどを反映しているだけという可能性もある。投資家がその事実を認識しているなら，投資家がレポートのトーンに反応しない。したがって，以下のような対立仮説を立てられる。

　仮説 H1$_b$　アナリストレポートのトーンに株価は反応しない

1　Twedt and Rees（2012）が，レポート発行後，価格修正が発生していないことを示しているものの，彼らの分析はサンプルが不十分であると Huang *et al.*（2014）に批判されている。

(2) 株価の修正の有無

仮説 H1$_a$ が支持されたとしても，レポートのトーンが有用な情報を内包しているとは結論づけられない。なぜなら，投資家の誤反応の可能性があるからである。その場合は，後日，株価は修正されるはずであるので，レポートのトーンに情報価値があるか否かの検証には，株価の修正が観測されるか否かの検証が必須である。

もし，アナリストレポートのトーンが株価にとって有益な情報を内包しているなら，レポートのトーンは半永久的な（一時的でない）株価インパクトを与えるはずであり，株価の修正は観測されないはずである。したがって，以下のような仮説を立てることができる。

仮説 H2$_a$　レポートのトーンに対する株価反応はその後修正されない

一方で，レポートのトーンがアナリストの文章の癖，認知バイアスを反映しているだけであるが，投資家がその事実を認識していない場合もありうる。その場合，レポートのトーンに対する株価反応は観測されるものの，それは根拠のない楽観・悲観に対する反応を意味する。

このような株価反応は，その後，修正されるはずであり，株価リターンが反転する可能性が高い。そのため，株価の中長期的反応に関しては，以下の対立する仮説を立てることができる。

仮説 H2$_b$　レポートのトーンに対する株価反応はその後修正される（株価リターンが反転する）

仮説 H1$_a$ が成り立っても，仮説 H2$_b$ が成り立つ場合，レポートのトーンは，単に癖などを反映したもので，有益な情報を内包しているとはいえない。一方，仮説 H1$_a$ かつ仮説 H2$_a$ が成り立てば，レポートのトーンは，有益な情報を内包していると結論づけられる。

(3) 株価の遅延反応

仮説 H1$_a$ および仮説 H2$_a$ が支持され，レポートのトーンが株価にとって有益な情報を内包していることが支持された場合，最後に検証すべきは，株価が

即座にその情報を織り込むか否かである。決算発表時の業績サプライズに対する遅延反応（Bernard and Thomas 1989, 1990）にみられるように，投資家の注意力の限界等の要因により，株価は新規情報を即座に織り込まないことがある。したがって，レポートのトーンに株価が即座に反応しない可能性は十分にある。

　株価の遅延反応に関しては，以下の対立する仮説を立てることができる。

　仮説 H3$_a$　株価は，アナリストレポートのトーンに対して遅延反応する
　仮説 H3$_b$　株価は，アナリストレポートのトーンに内包される情報を即座に織り
　　　　　　込む

第2節　レポートのトーンの分析方法

1　分析対象

　分析対象は，2013年から2017年の間で主要証券会社から発行された，東証一部上場銘柄に対するアナリストレポートとする。アナリストレポートのテキストのトーンに関しては，レポート全文章のトーンではなく，アナリストレポートのヘッドラインのトーンを計算する。ヘッドラインに限定している理由としては，①アナリストレポート本文と比較して，長さやフォーマットがレポート間でそろっていること，②ディスクレーマーなどレポートのトーンを計算する上では冗長な文章が含まれていないこと，③アナリストのセンチメント（真の意見）は，レポートの要約であるヘッドラインに強く表出していると考えられること，などである。

　アナリストレポートに限らず，金融テキストマイニングにおいて重要になるのは，いかにしてテキストからノイズを除去するかである。レポートのトーンの算出対象をヘッドラインに限定することは，ノイズの除去の方策の1つとしても有効である。

　なお当検証では，ヘッドラインが銘柄名のみ，もしくは発行目的のみ記述されたレポート，定量的アウトプット（EPS予想，銘柄推奨度，目標株価）が

得られないレポート，また，REIT や外国部上場銘柄に言及したレポートは対象外とした。

2　算出方法

当検証では，アナリストレポートのトーンの算出方法として，ファイナンスの研究として主に使用されてきた辞書的方法で評価する。これは，肯定的な意味を持つ単語と否定的な意味を持つ単語の出現頻度によって，その文書のトーンを推定する方法である。

金融市場では，通常と異なる用語の使われ方をするため，レポートのトーンを分析する上では金融専門の辞書を使うのが望ましい。英文では，Loughran and McDonald（2011）などの金融辞書が使われているが，日本語に対しては，標準的な金融専門の辞書が存在しない。そこで小林ら（2017）における素性単語リスト作成方法を参考にし，アナリストレポート用の辞書を作成することを試みる。

アナリストレポートには，銘柄推奨（レーティング）が付与されており，銘柄推奨度を上方修正（アップグレード）すれば，そのレポートには，ポジティブな内容が記述されていることが推定できる。

同様に銘柄推奨度が下方修正（ダウングレード）すれば，ネガティブな内容が記載されていると推定できる。そこで，銘柄推奨度がアップグレードされたレポートを抽出し，銘柄推奨度がアップグレードされたレポート S_P に含まれる内容語（名詞，動詞，形容詞）に対して，式(1)で重み（ポジティブ度合）を計算する。

$$W_P(t) = TF(t, S_P)H(t, S_P) \qquad (1)$$

$TF(t, S_P)$：アップグレードされたレポート S_P において，単語 t が出現する頻度。
$H(t, S_P)$：S_P における各文に含まれる語 t の出現確率に基づくエントロピー
$H(t, S_P)$ は次の式(2)で求める。

$$H(t, S_P) = -\Sigma_{s \in S_P} P(t, s) log_2 P(t, s)$$

$$P(t, s) = \frac{tf(t, s)}{\Sigma_{s \in S_P} tf(t, s)} \tag{2}$$

　ここで，$tf(t, s)$ はヘッドライン s において語 t が出現する頻度を表す。$H(t, S_P)$ が高いほど，単語 t がアップグレードされたレポート S_P に均一に偏在していることを意味する。

　同様に，銘柄推奨度がダウングレードされたレポート S_N に含まれる内容語（名詞，動詞，形容詞）に対して，式(3)で重み（ネガティブ度合）を計算する。

$$W_N(t) = TF(t, S_N) H(t, S_N) \tag{3}$$

　ただし，双方のレポート群に登場する一般語を除去するために，単語 t のポジティブ度合 $W_P(t)$ とネガティブ度合 $W_N(t)$ に関して2倍以上開きがある場合のみ，その語 t を極性単語として採用する。すなわち，以下の条件のどちらかを満たす単語 t を採用する。

$$W_P(t) > 2W_N(t)$$
$$W_N(t) > 2W_P(t)$$

　以下のように，採用された単語 t のトーン $IT(t)$ をポジティブスコアとネガティブスコアの差分で定義する。

$$IT(t) = \begin{cases} W_P(t) - W_N(t) & W_P(t) > 2W_N(t) \ or \ W_N(t) > 2W_P(t) \\ 0 & elsewhere \end{cases}$$

$IT(t) > 0 (IT(t) < 0)$ は，単語 t が，ポジティブ（ネガティブ）単語に分類されたことを意味する。レポートのトーン（以後 $TONE$ とする）を以下のように定義する。

$$TONE(s) = \Sigma_{t \in s} IT(t)$$

　$t \in s$ は単語 t がレポートのヘッドライン s に含まれる単語であることを示す。$TONE$ の値がより大きい（小さい）事は，レポートのトーンがより楽観的（悲観的）であることを意味する。

　上記に加えて，レポートの楽観度（$TONE_P$）と悲観度（$TONE_N$）を，ポジティブ単語のリスト，ネガティブ単語のリストを各々使用し，以下のように計算した。なお，$TONE(s) = TONE_P(s) + TONE_N(s)$ となる。

$$TONE_P(s) = \Sigma_{t \in s} \max\ (IT(t), 0)$$
$$TONE_N(s) = \Sigma_{t \in s} \min\ (IT(t), 0)$$

　ただし，目標株価や業績予想を上方（下方）修正したことを記述しているだけのレポートのヘッドラインが，ポジティブ（ネガティブ）なヘッドラインとして含まれる傾向にある。これらレポートのトーンは，定量的アウトプットに対して，追加的な情報（意見）を表明していると捉えることはできない。そこで本検証では，ポジティブ（ネガティブ）なトーンのレポートのうち，目標株価や業績予想を上方（下方）修正したものは $TONE$ のスコアは0であると判定した。

3　情報価値の推定

　レポートのトーンが，株式の価値を判断する上で情報価値があれば，株価はレポートのトーンに対して反応するはずである。したがって，当検証では，$H1_a$, $H1_b$ を検証するために，レポート発行時における短期間の株価の反応を検証した。そのために，以下のような回帰モデルの推定を行った。

$$y = \alpha_0 + \beta_0 TONE + \gamma_1 EPS\_REV + \gamma_2 TP\_REV + \gamma_3 REC + (Controls) + \varepsilon \quad (4)$$

　その上で，各コントロール変数として，レポートに付随する以下の定量的情報を含めた。

EPS_REV = レポート発行時の EPS 予想のリビジョン（アナリストの今期
　　　　　EPS 予想の変化を株価でデフレート）

TP_REV = レポート発行時の目標株価のリビジョン（アナリストの目標株価
　　　　　の変化を株価でデフレート）

REC = レポート発行時の銘柄推奨度（買い = 1，中立（Hold）= 0，売り =
　　　 − 1）

また，以下のようなコントロール変数を加えている。

SUE ＝レポート発行時（レポート発行日前日 $t-1$ からレポート発行日 t まで）の四半期業績サプライズ。業績サプライズの定義については，Bernard and Thomas（1989）の定義に従った。なお，決算発表がない場合は，0 の値をとる。

PCAR ＝直近10日間（除く直前1日）のマーケット調整済みリターン

MV ＝企業時価総額の対数値

BM ＝簿価時価比率

I_i ＝東証業種大分類のダミー変数（$i = 1, \cdots, 10$）

　被説明変数は，レポート発行日 t および翌日 $t+1$ の累積マーケット調整済みリターン CAR［0, 1］とする。

　式(4)において，上記のように，銘柄推奨度（REC），EPS 予想のリビジョン（EPS_REV），および，目標株価のリビジョン（TP_REV）などのレポートの定量的情報を加えた。これは，先行研究において，これらが適正株価を推定する上で有用な情報を内包していると報告されているためである（Jegadeesh *et al.*, 2004；Barber *et al.*, 2007）。

　加えていくつかのコントロール変数（PCAR，MV，BM，I_i）を加えている。まず，株価反応そしてレポートのトーンが直近のイベントに反応している可能性を考慮するため，10日間のマーケット調整リターン（除く直近1日）をコントロール変数として加えた。また，決算結果に伴う株価変動を調整するため，上記の決算サプライズ（Standard Unexpected Earnings）を加えた。さらに，会社の特性に対する反応（リスクプレミアムなど）を調整するため，会社の対数時価総額（MV），簿価時価比率（BM），東証業種ダミー（I_i）を加えた。

　なお，回帰係数の統計検定に関しては，複数のアナリストが同一の銘柄をカバーし，イベント等が起きた日に集中してレポートを発行する傾向があることを考慮し，銘柄とレポート発行日のクラスター調整済みの標準偏差で検定を行っている。

　CAR［0, 1］を被説明変数にした時の，有意に正の *TONE* の回帰係数（β_0）は，

レポートのトーンに対して有意に株価が反応することを意味する（この場合，仮説 H1$_a$ が支持される）。

さらに，仮説 H2$_a$，H2$_b$ および仮説 H3$_a$，H3$_b$ を検証するために，レポート発行後の事後リターンを分析した。具体的には，レポート発行後 t＋2 日から t＋50 日までのマーケット調整済みリターン（CAR［2, 50］）に対して，式(4)と同様の説明変数で回帰を行った。

また，*TONE* の情報価値は，ポジティブなトーンよりネガティブなトーンの方が情報価値は高いという指摘がある（Twedt and Rees, 2012）。そこで本章の検証では，ポジティブトーン（*TONE$_P$*）とネガティブトーン（*TONE$_N$*）に対する株価反応を別々に評価した。具体的には，被説明変数を CAR［0,1］もしくは CAR［2, 50］に対して，説明変数を *TONE$_P$*，*TONE$_N$* および，式(4)で使用されたコントロール変数として，以下のように回帰分析を行った。

$$y = \alpha_0 + \beta_P TONE_P + \beta_N TONE_N + \gamma_1 EPS\_REV + \gamma_2 TP\_REV + \gamma_3 REC + (Controls) + \varepsilon \tag{5}$$

被説明変数 CAR［2, 50］に対する *TONE* の回帰係数（β_0），*TONE$_P$* の回帰係数（β_P），*TONE$_N$* の回帰係数（β_N）のいずれも有意に負でない場合，レポート発行時のトーンに対する株価反応は，その後修正されない（株価リターンが反転しない）ことを意味し，仮説 H2$_a$ が支持される。逆に，これら回帰係数のいずれかが有意に負である場合，仮説 H2$_b$ が支持される。

また上記に加えて，被説明変数 CAR［2, 50］に対する *TONE* の回帰係数（β_0），*TONE$_P$* の回帰係数（β_P），*TONE$_N$* の回帰係数（β_N）のいずれかが有意に正になる場合，レポートのトーンに対して株価が遅延反応していることを意味し，仮説 H3$_a$ が支持される。逆にこれら回帰変数がいずれも有意に正とならない場合は，株価は即時に情報を織り込んだと解釈でき，仮説 H3$_b$ が支持されることとなる。

第3節 | 検証結果

1 レポートのトーンに対する株価の反応

　図表7－1は，回帰式(4)に対する係数の推定結果を表している。列CAR［0，1］は，CAR［0，1］を被説明変数としたときの回帰結果で，カッコで囲まれた数字は，t値[2]を表す。まず，レポートの定量的情報（REC, EPS_REV, TP_REV）に関しては，回帰係数がいずれも有意[3]に正になっている。これは，これら定量的情報に対して株価が有意に反応していることを意味する。

　レポートのトーンに関しては，回帰係数（0.0308）は，統計的に有意になっている（$t = 8.86$）。$TONE$が1標準偏差上昇すると，CAR［0，1］はおおよそ24bp（0.24％）上昇する。これらの結果は，統計的にも経済的にも有意な株価反応があることを意味し，仮説$H1_a$を支持し，$H1_b$を棄却する。

　図表7－1の列CAR［2，50］は，CAR［2，50］を被説明変数としたときの回帰結果である。レポートの定量的情報に対する回帰係数は，いずれも有意に負とはなっていない。レポート発行日でみられた株価反応はその後修正されていないことを意味する。したがって，これら定量指標は，先行研究でも議論されたとおり，情報価値があるということができる。

　同様に，定性的アウトプットであるレポートのトーンに関しても，回帰係数（0.0039）は負でない。レポート発行日でみられたレポートのトーンへの株価反応は，その後修正されていない。つまり，レポートのトーンは，株価に対して永続的な（一時的でない）株価インパクトを与えており，仮説$H2_a$が支持される。したがって，レポートのトーンは，株価に関して有益な情報を内包していると考えることができる。

　株価の遅延反応に関しては，図表7－1の結果をみる限り発生しておらず，仮説$H3_a$は満たされていないようにみえるかもしれない。ただし，前述のとおり$TONE$の情報価値は，ポジティブなトーンよりネガティブなトーンの方

2　正確には，レポート発行日と銘柄のクラスター調整済みt値。
3　本章では，有意水準1％で議論する。

| | 図表7 - 1 | 回帰分析結果：TONE |

	被説明変数:			
	CAR [0, 1]		CAR [2, 50]	
切片	0.0147***	(2.84)	0.0483	(1.93)
TONE（トーン）	0.0308***	(8.86)	0.0039	(0.55)
REC（銘柄推奨度）	0.0039***	(9.63)	−0.0014	(0.91)
EPS_REV（EPS予想のリビジョン）	0.0455***	(3.03)	−0.0354	(1.62)
TP_REV（目標株価のリビジョン）	0.0622***	(16.72)	−0.0062	(0.70)
SUE（業績サプライズ）	0.0018***	(4.20)	0.0033***	(3.41)
PCAR（10日間リターン）	−0.0220***	(3.44)	−0.0199	(1.08)
MV（企業規模）	−0.0016***	(3.21)	−0.0106***	(4.13)
BM（簿価対時価比率）	0.0032***	(3.49)	0.0041	(1.24)

(注) 回帰式(4)の回帰結果（回帰係数）。カッコ内の数は，クラスター調整済みのt値，***，**は，各々，1％，5％有意であることを表す。紙面の都合で，業種ダミーに対する回帰結果は表示していない。

が高いという指摘がある。そのため，ポジティブなトーンとネガティブなトーン各々の株価反応を分析し，反応の遅延がみられるか確かめなければいけない。

　図表7 - 2は，ポジティブトーンとネガティブトーンに分離した場合の結果，つまり，回帰式(5)に対する結果を表している。まずレポート発行時の株価反応をみると，列CAR [0, 1] に示されているとおり，ポジティブトーン $TONE_P$ とネガティブトーン $TONE_N$ に対する回帰係数（0.0138および0.0758）は，双方とも統計的に有意である。ただし，有意性（t値）は，ネガティブトーンの回帰係数の方が高い。また，1標準偏差の $TONE_P$ の上昇（より楽観的なトーン）が，10bp（0.10％）のリターン上昇を伴っているのに対して，1標準偏差の $TONE_N$ の下落（より悲観的なトーン）は，28bp（0.28％）のリターンの下落を伴っている。つまり，経済的有意性に関してもネガティブトーンの方が高いことを意味している。これら結果は，ネガティブトーンの方がポジティブトーンよりも情報価値が高いことを示唆しており，Twedt and Rees（2012）らの議論と整合的である。

　列CAR [2, 50] は，ポジティブトーン，ネガティブトーンに対する遅延反応に関する結果を示している。ポジティブトーン $TONE_P$ に対する回帰係数（−0.0066）は有意ではない一方で，ネガティブトーン $TONE_N$ に対する回帰係数（0.0406）は有意に正となっている。つまり，情報価値が高いネガティブ

図表7 - 2　回帰分析結果：TONE_P および TONE_N

	被説明変数：			
	CAR [0, 1]		CAR [2, 50]	
切片	0.0161	(3.42)	0.0492	(1.94)
TONE_P（ポジティブトーン）	0.0138***	(4.08)	−0.0066	(0.83)
TONE_N（ネガティブトーン）	0.0758***	(9.83)	0.0406***	(2.82)
REC（銘柄推奨度）	0.0038***	(9.35)	−0.0015	(0.98)
EPS_REV（EPS予想のリビジョン）	0.0457***	(3.03)	−0.0353	(1.62)
TP_REV（目標株価のリビジョン）	0.0614***	(16.52)	−0.0068	(0.77)
SUE（業績サプライズ）	0.0018***	(4.21)	0.0033***	(3.40)
PCAR（10日間リターン）	−0.0222***	(3.49)	−0.0201	(1.09)
MV（企業規模）	−0.0017***	(3.38)	−0.0107***	(4.15)
BM（簿価対時価比率）	0.0033***	(3.56)	0.0042	(1.26)

(注)　回帰式(5)の回帰結果（回帰係数）。カッコ内の数は，クラスター調整済みの t 値，***，**は，各々，1％，5％有意であることを表す。紙面の都合で，業種ダミーに対する回帰結果は表示していない。

トーンに対しては，株価の遅延反応がみられることを意味する。したがって，レポートのトーンに対して遅延反応がみられるという仮説 $H3_a$ が支持されることになる。

2　経済的有意性の検証

前節の回帰結果から，ネガティブなトーンに対して株価が遅延反応することがわかった。その経済的有意性を検証するため，本節ではポジティブなトーンのレポートとネガティブなトーンのレポートに対する平均的な株価反応（リターン）を計測する。

具体的には，レポートの *TONE* をもとに，ポジティブなレポート（*TONE* >0），ネガティブなレポート（*TONE* <0），ニュートラルなレポート（*TONE* =0）に分類した。そして，各レポート群に対する t 日と t +1 日までのマーケット調整済みリターン（CAR [0, 1]）および，レポート発行後50日の累積マーケット調整済みリターン（CAR [2, 50]）の平均値を求めている。

まずレポート発行時の株価インパクトを評価するため，CAR [0, 1] が，ニュートラルなレポートよりもポジティブなレポートの方が高くなっているか，そして，ネガティブなレポートの方が低くなっているか検証した。また，株価

の遅延反応の経済的有意性を検証するため，CAR［2, 50］が，ニュートラルなレポートよりもネガティブなレポートの方が低くなっているか検証した。

　その結果は，**図表7－3**および**図表7－4**に示している。**図表7－3**は，ポジティブなレポート，ネガティブなレポート，ニュートラルなレポートのCAR［0, 1］およびCAR［2, 50］の平均値を表している。**図表7－4**は，各レポート群の平均リターンの差のレポート発行時（正確にはレポート発行日前日）からの累積値を表している。

　ポジティブなレポートのレポート発行時のリターンCAR［0, 1］は，ネガティブなレポートのリターンより1.48%高くなっており，統計的有意性のみならず高い経済的有意性を持っているといえ，仮説 $H1_a$ を支持する結果となっている。当該リターンをネガティブなレポートのネガティブインパクトの部分とポジティブなレポートのポジティブインパクトの部分に分解すると，前者は135bp（1.35%），後者は13bp（0.13%）であることがわかる。

　ここからレポートのトーンに対する株価インパクトは，ネガティブインパクトでほぼ占められていることがわかる。このことは**図表7－4**からも読み取ることができる。株価の強いドローダウンがネガティブトーンに対しては観測されるのに対し（グラフがレポート発行後急激に下がっている），ポジティブトーンに対してはほとんどみられない（グラフがほとんど上昇していない）。これは，ネガティブインパクトの方が情報価値は高いという回帰分析での結果と整合的である。

　株価の遅延反応に関してみてみると，ポジティブなレポートの事後リターンCAR［2, 50］は，ネガティブなレポートに対するものより70bp（0.70%）ほど高くなっている。これは，統計的に有意であるのみならず高い経済的有意性を持っているといえ，仮説 $H2_a$ および $H3_a$ を支持する結果となっている。この遅延反応を分解すると，ネガティブトーンに対する遅延反応に帰する部分は約62bp（0.62%），ポジティブトーンに対する遅延反応に帰する部分はわずか8bp（0.08%）であることがわかる。このことは，**図表7－4**でも読み取れる。株価のドリフト（遅延反応）は，ネガティブトーンに対してはみられるのに対し（グラフがなだらかに下がっている），ポジティブトーンに対してはほとんどみられない（グラフが横ばいに推移している）。

　以上をまとめると，ポジティブなレポートとネガティブなレポートの平均リターン関する検証結果は，我々の仮説 $H1_aH2_aH3_a$ を支持し，経済的有意性も高いことを示している。

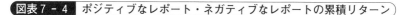

図表7−3　平均リターン：ポジティブなレポート・ネガティブなレポート

	CAR [0, 1]	CAR [2, 50]	# of report
ポジティブ	0.46%	0.79%	7,516
ニュートラル	0.34%	0.71%	26,508
ネガティブ	−1.01%	0.09%	2,971
ポジティブ−ネガティブ	1.48%***	0.70%***	
	(14.96)	(3.03)	
ポジティブ−ニュートラル	0.13%**	0.08%	
	(2.30)	(0.56)	
ネガティブ−ニュートラル	−1.35%***	−0.62%***	
	(15.17)	(2.96)	

図表7−4　ポジティブなレポート・ネガティブなレポートの累積リターン

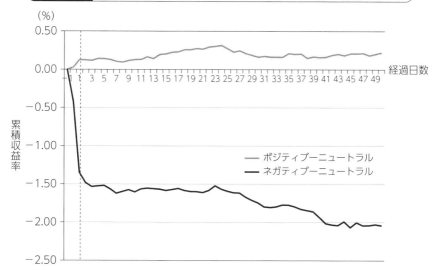

第 4 節　検証のまとめとオルタナティブデータ分析の将来

1　検証結果のまとめ

　本検証では，日本株のアナリストレポートを対象として，レポートのトーンの情報価値を分析した。

　その結果，レポートのトーンは独立した有益な情報を保有していることが支持された。まず，レポート発行時の株価リターンは，楽観的なトーンのレポートの方が，悲観的なレポートよりも統計的にも経済的にも有意に高くなった。これは，楽観的（悲観的）なトーンに対して，株価がポジティブ（ネガティブ）に反応していることを意味する。

　加えて，レポート発行後，これら株価反応に対する修正傾向はみられなかった。つまり，レポートのトーンは，株価に対して中長期的なインパクトを与えており，独立した情報価値があることを意味する。また，株価のインパクトは，ポジティブトーンよりもネガティブトーンが強く，ネガティブトーンの方が情報価値は高いことが示唆された。さらに，株価の遅延反応は，ネガティブトーンに対して強くみられる。つまり，ネガティブトーンは，高い情報価値のみならず，投資家も即座に反応しきれていないことを示唆している。

　アナリストレポートにおけるトーンの情報価値に関しては，米国株を中心に多くの検証がなされてきたが，言語の異なる日本株を対象としたレポートにおいても，レポートのトーンに独立した情報価値があることが示された。また，先行研究ではみられなかった株価の遅延反応も観測された。このことは，アナリストレポートのトーンが，株価を予測する上で有用な情報を内包しており，株式運用におけるアルファ（超過収益）の源泉になりうることを示唆している。

2　オルタナティブデータ分析の将来

　本章では，アナリストレポートのテキストマイニングに関する検証結果の紹介を通して，オルタナティブデータの活用について解説を行った。最後にオルタナティブデータ分析の将来と，データを分析する上での注意点について記述

したい。

　いうまでもなくオルタナティブデータは，伝統的な計量データの範疇に含まれないデータ全般となるため，データ自身は膨大にある。膨大である分，データ自体は玉石混交であり，砂漠の中から砂金を掬い出すような作業が必要とされるといっても過言ではない。したがって，膨大なデータの中から，いかに①クオリティが高く，②ノイズが低く，③経済的合理性が認められるデータを，効率よく選別してくるかが肝要となる。本章で取り上げたアナリストレポートに関しては，①に関してはプロの証券アナリストが書いた文書のためある程度のクオリティが担保され，②に関しては要約でもあるヘッドラインに注目したためノイズが少なく，③に関してはプロのアナリストが書いたため有用な情報を内包していると期待できる合理性があるデータであった。

　有用なオルタナティブデータを"発見"することは，従来の伝統的な計量データの分析以上に，分析者のセンスが求められる。オルタナティブデータは，既存のデータと比べてヒストリカルデータが十分に得られないことが多い。つまり，様々な経済状況や局面でもデータが有効に効くかどうかを確かめることができない。

　したがって，データが有効であるか否かは，定性的に判断しないといけない部分も多々あり，バイアスなく正確に判断するセンスが必要になる。このセンスは，データ・サイエンスの知識（どのようにデータを分析するかの知識）をつけるだけでは養成することができない。ファイナンス（特にインベストメント）の知識も必要となり，実際の資産運用経験も必要となるだろう（逆に，インベストメントだけの知識経験だけでは十分ではない）。インベストメントとデータ・サイエンス両方の知識が求められるという点でも，ハードルが高い分野である。

　また，オルタナティブデータの分析作業は，予想以上に泥臭い作業が多い。特に作業が必要とされるのは，データのクリーニング（クレンジング）の分野である。オルタナティブデータは標準化されたデータではないため，これを分析に叶うように標準化を行う必要がある。ところが，オルタナティブデータは，フォーマットがばらばらであるため，クリーニングに関して決まった方法がない（方法を定められない）。各データを確認した上で，クリーニング方法を開

発する必要があり（ここでも分析者のセンスが求められる），これが泥臭い作業につながっている。

　このようにオルタナティブデータは，実際の運用に耐えうるような良好な結果が得られるか否かという意味では，高リスクな分野ではある。ただし分析者のセンス次第では，運用に耐えうる非常に高いアルファ（超過収益）を発見できる可能性も十分ある。オルタナティブデータ活用のために乗り越えなければいけないハードルは多いものの，チャレンジするに足る領域といえよう。現在，ビッグデータブームに乗って，非常に多くの実務家・研究者がオルタナティブデータの分析に取り組んでおり，当該分野のますますの発展が期待されるところである。

　第6章では，オルタナティブアセットにおけるオルタナティブデータの活用例を紹介し，第7章では，伝統的資産運用の精緻化にオルタナティブデータが有効である点を示したが，第8章では，視点を変えて，データそのものを炙り出していく事例を明示したい。計算機で処理することができるという点で，厳密には非構造データではないが，不動産分野で代替的なデータとして活用可能なデータである。これは，新たに日次ベースでの不動産価格を推計することを通して，アセット・アロケーションの高度化に貢献するものである。

（執筆担当：三輪宏太郎）

第 **8** 章

不動産指数データの活用と資産配分

　第4章第2節では，海外不動産について詳述したが，本章では，国内不動産に関する新たな試みとして，タイムリーで高頻度の不動産価格指数の開発とその活用について紹介したい。非構造的データとは呼べないが，新たなるデータ・指標の構築により，飛躍的に資産運用の高度化に貢献する事例である。オルタナティブアセットを伝統的資産と同じ次元で取り扱うためには，いくつかの変圧器にも似たツールが必要になってくる。特に不動産の場合には，この点が指摘され続けてきたにもかかわらず，これまで本格的なチャレンジがなされてこなかったのが現状といえよう。この点について，一部は専門的解説になるが，将来の不動産と有価証券との融合型運用商品の開発のための枠組みについて，以下で整理していこう。

第1節 | 不動産評価

1　これまでの不動産市場動向

　戦後から高度経済成長期を通じて不動産バブルに至るまで，不動産価格は趨勢的に上昇を続けてきたこともあり，不動産は企業にとっても個人にとっても安全な資産として考えられきた。日本人にとっての不動産投資は，低リスク資産投資と捉えられてきたわけである。この間，日本の不動産投資ビジネスは，投資対象となるオフィスビル，アパートや賃貸マンション，商業施設からホテ

ル，そして物流施設まで日本各地に幅広く存在し，主に企業や不動産デベロッパーが中心となり用地取得から開発，物件売却や賃貸経営などを担当してきたが，不動産ビジネス特有の専門性の高さや情報の非対称性が，大きな利益の源泉となっていた。

1985年のプラザ合意以降，急速な円高による不況への対応策として日本銀行が積極的に金融緩和政策を行ったため，過剰流動性が発生したのは周知の事実である。銀行をはじめとする金融関連ビジネスを抱える企業は，不動産向け融資を加速させ，企業のみならず個人も積極的に不動産へ投資を行ったため，1990年にかけて不動産バブルが発生した。その後，株価指数の下落に遅行するものの，不動産バブルも崩壊し，金融機関での不良債権が問題となったことや，企業の財務体質悪化によって不動産向け投資が停滞することとなった。結果として，銀行が不良債権処理を促され，間接金融による資金供給のパスが狭められたため，企業は，資金調達の軸足を資本市場経由の直接金融へと移すようになってきたのである。

その後，2000年には，「資産流動化に関する法律」が改正（改正SPC法）され，不動産証券化ビジネスが拡大する契機となった。CMBS（商業不動産担保証券），匿名組合出資（TK），特定目的会社や特別目的会社（SPC）に対するローン（シニア，メザニン）だけではなく，出資（エクイティ）などを介した集団投資スキームを活用する不動産金融商品の登場により，不動産投資が拡大していったのである。この間，不動産から得られる賃料収入と売却想定元本のキャッシュフローのみを担保としたノンリコースローン[1]を活用した企業からのオフバランス案件が増加し，企業の財務健全化に活用された。その一方で，不動産投資の金融商品化が進んだため，不動産価格が実物不動産市場だけでなく，株式や債券といったグローバル金融市場の影響を受けやすくなっていったのである。

そして，不動産証券化ビジネスが活況となり不動産市況が回復してきた矢先

1　主に借入人の担保不動産から生み出されるキャッシュフロー（賃料収入や物件売却代金）に依拠した責任財産限定貸出および不遡及型貸出であり，貸出金の元利払いが不可能となった場合には担保不動産以外の返済を求めず，その責任財産を担保不動産に限定した貸出のこと。

の2008年にグローバル金融危機が発生し，投資マネーの逆流が生じたことから，不動産金融商品の価格形成が機能不全となった。当時，金融危機の影響で不動産金融商品の裏づけとなっている不動産の評価額が下がり，エクイティ[2]部分の棄損のみならず，デット部分にまで損失が及ぶ懸念が高まったのである。また，不動産金融商品の信用格付が引き下げられる中で，不動産関連ローンの借換えや新規の資金調達も困難な状況に陥った。デット部分にローンを提供していた金融機関が債権回収を強化したため，一部の不動産金融商品は，不動産の売却による返済資金の確保や不動産の代位弁済などに追われる事例もあった。

　この経験から，不動産ファンド[3]など不動産金融商品の組成は停滞し，不動産売買市場での買い手が少なくなり，さらに不動産業向けの融資基準も厳格化された。また，これらの不動産金融商品の投資家が主に機関投資家であったため，運用パフォーマンスの悪化によって，追加資金の配分が難しくなっていったのである。

　このように21世紀の市場性のない不動産金融商品は，その盛況と衰退を経験することになるが，市場性のある不動産金融商品が誕生するという契機ともなった。2001年9月には，「投資信託及び投資法人に関する法律」（投信法）により，初めて上場不動産投資信託であるJ-REITが誕生していたが，いつでも売買可能な市場性のある不動産金融商品への注目が徐々に高まったのである。

　周知のとおり，J-REITは不動産金融商品であるものの，「投資法人」と呼ばれ（法人格を有し），実質的に保有する不動産から得られる賃料収入を得ることによって生み出す利益を分配する仕組みである。この仕組みに則れば，利益の90％以上を分配することで，分配部分に対して法人税は非課税となり，課税対象は，主に分配金を受け取る投資家の配当課税のみとなる。企業利益には法人課税され，投資家には配当課税される2重課税のスキームとは異なることから，J-REITは，法人ではあるが投資信託という金融商品の1つとして位置

2　不動産証券化では，一般的に不動産の取得・売却と不動産賃貸事業のみを目的とする特定目的会社を設立し，議決権を持たない匿名組合出資および優先出資など（エクイティ）を通じた資金調達と社債やローンなど（デット）を通じた資金調達が行われている。

3　私募形式のあらゆる不動産ファンド（直接投資，私募リート，不動産投資に特化したプライベートエクイティを含む）のことを指し，上場リートを含めていない。

づけられている。

　この投資法人である J-REIT は，金融資本市場にて株式会社でいうところの株式に当たる投資口や債券に当たる投資法人債等を発行，さらに銀行からのローン等により資金調達し，実物不動産を取得する。その上で，不動産から得られる賃料収入から経費等を差し引いた利益を，J-REIT の投資家に分配するというものである。

　この仕組みは，非常にわかりやすい収益構造であることから，投資家からの人気が徐々に集まり，純資産が拡大する中で，J-REIT は不動産売買市場での買い手としての存在感も強まっていったのである。2020年4月末時点で銘柄数は62銘柄，市場時価総額は12兆円を超え，保有物件数は約4,200物件，約20兆円の不動産を保有する不動産売買プレーヤーおよび不動産賃貸オーナーともいえるまで成長し，現在では J-REIT が不動産の「買い手」として不動産売買市場の高い占有率を保っている。

　近年では，日本銀行による金融緩和の影響を受けて，インカムゲイン獲得ニーズが高まり，金融機関や年金を中心とする機関投資家による間接的な不動産投資が活発化している。そのため，市場性を伴わない私募（非上場）の不動産投資信託である私募リートを含めた不動産ファンドへの投資が増えつつある。私募リートは，上場している J-REIT と同様の投資スキーム・投資形態・課税体系であるが，J-REIT のような取引市場はなく，流動性が低いため，換金する場合には時間を要する。しかし，J-REIT のように日々投資口価格が変動しないため表面上の価格変動性は低く，一方，高いインカムゲインを得られるため，安定した投資リターンを好む機関投資家にとっては，J-REIT ではなく私募リートなどの不動産ファンドへ投資する選好が高まっているのである。

　以下では，私募リートなどの市場性のない不動産ファンドへの投資に着目し，不動産金融商品の価格変動リスクをより正確に計測する新しい手法を紹介する。もし不動産金融商品の価格変動リスクをタイムリーかつ適正に評価できれば，①投資家が考える将来の期待リターンの下で，どのくらい不動産投資が可能なのかを把握することや，②現在のポートフォリオがどれくらいの不動産投資リスクを負っているのかが把握しやすくなり，不動産投資に付随する「流動性リスク」を管理する手助けになると考えるからである。

2　投資対象としての不動産の特性と従来の不動産評価の方法

　投資対象としての不動産を考えるときに，不動産本来の特性を理解しておく必要がある。不動産の賃貸市場および売買市場には，需要（賃借人および購入者）と供給（オーナーおよび売却者）のニーズを一致させ，不動産の賃料および価格を決定する合理的かつ効率的な市場が存在しない。不動産市場では，需要と供給を個々に結びつける仲介人が市場の代わりとなり，賃貸契約や売買契約を成立させている。

　また，不動産は立地が唯一無二の住所で固定され，建物の形状や仕様，周辺環境が１つひとつ異なっており全く同じものは存在せず（**不動産の不動性**），需要者は不動産ごとに顔ぶれがそれぞれ異なる。したがって，財やサービスなどのような同じものが同じような需要者に提供される同質的な市場ではない（**需要と供給の非同質性**）。

　不動性があるがゆえに不動産には取引市場というものはなく，需要と供給が非同質性を持つことから，不動産価格が需要と供給が一致するような経済学上の均衡価格は存在しない。均衡価格は存在しないものの，適正価格は不動産の価格形成に必要な情報であるため，これまで不動産業者が提示する募集価格や不動産売買の取引価格，不動産鑑定評価額などが不動産の価格情報として有効活用されてきた。しかし，そういった価格情報を利用できたとしても，入手タイミングが遅れやすく，さらに一般に情報が開示されず情報格差が発生しやすいため，取扱いが難しい情報であった。

　前述した市場性のない不動産金融商品の時価評価では，法律上の要請に従い，様々な不動産鑑定機関による鑑定評価が利用されている。不動産鑑定評価額は，不動産鑑定士および所属する不動産鑑定業者が，物件から得られる中長期的な想定賃料収入や空室による損失額，キャップレート[4]，運営費用，修繕費用，個別要因などを勘案した上で公正と算定した不動産の査定額である。例えば日

4　「直接還元利回り」と呼ばれる不動産の投資利回りのこと。不動産の安定稼働時の年間純収益÷不動産価格で算出される。純収益には不動産鑑定で算出されたNOI（Net Operating Income）やNCF（Net Cash Flow）などが主に使用され，不動産価格には取得・譲渡時の取引価格や不動産鑑定評価額が使用される（第4章第2節参照）。

本では，不動産から得られるキャッシュフローを割り引くことで算出する**収益還元法**，地価と建築コストを積み上げた**原価法**，エリアや仕様が対象と類似した不動産売買事例を参考にして算出される**取引事例比較法**などがあり，収益性，費用性，市場性の視点に基づく評価法により算出された不動産評価額の中から，最も妥当性のあるものを選択する形で不動産鑑定評価額が提示される。

　従来は，不動産から生み出されるキャッシュフローを考慮しない原価法や取引事例法による評価額が中心であったが，現在では将来のキャッシュフローを考慮した収益還元法による評価額が不動産鑑定評価の中で重要視されている。これは，不動産ビジネスの情報化が進み，仮に不動産を賃貸した場合に得られる賃料収入や付随する運営コストが予測しやすくなったことが影響している。

　一方，収益還元法で利用されるキャップレートについては，不動産の立地や種別，国債利回り，実際の不動産取引価格の動向などを勘案して決定されるものの，金融市場の影響を受けやすく，不動産鑑定業者による考え方の違いで差異が生まれることがある。そのため，収益還元法は本来不動産評価に正しい唯一絶対の評価とはいえないが，客観的な不動産評価方法の1つとして不動産金融商品の時価評価に活用されている。

3　不動産鑑定評価を利用する場合の問題点

　ところで，伝統的資産だけでなく不動産ファンドへの投資が拡大している中で，不動産鑑定評価を基準に時価評価している不動産金融商品に投資する際に，考慮しなければならない点がある。それは，①不動産鑑定評価にはタイムラグが存在すること，②経済環境の変化が生じても不動産鑑定評価額の調整がゆるやかであること，③不動産鑑定評価は不動産鑑定士の評価額であり，市場性のある金融商品と価格形成過程が異なるため，その投資成果を簡単に比較できないことの3つの課題である。

　第一の課題は，不動産鑑定評価にタイムラグが存在することである。そのため，不動産金融商品への投資でも，投資パフォーマンスの認識にラグが発生する可能性を含んでいる。不動産金融商品の価格評価では，決算期末日など特定時点に合わせて不動産鑑定評価士が投資対象の不動産評価の査定を行っている。その際，査定で使用されるデータ自体にタイムラグが入り込む余地があること

や，不動産鑑定評価の結果が伝達されるまで，あるいは不動産鑑定評価が不動産金融商品の価格に反映し公表されるまでにタイムラグが生じることなど，一定期間のタイムラグの影響が出る特性がある。

　第二の課題は，経済環境の変化が生じても，不動産鑑定評価額の調整が緩やかに行われる傾向が確認されることである。この鑑定評価額の平滑化は，不動産の価格変動リスクを正確に評価できず，投資家が投資リスクを過小評価する余地を生む。不動産鑑定評価にて主に用いられている収益還元法の場合，特殊要因に依存しない中長期的な視点で不動産から生み出されるキャッシュフローを設定しているため，短期的には不動産鑑定評価額が大きく変化しにくいという特性を生んでいるわけである。

　第三の課題は，不動産鑑定評価に基づく不動産金融商品と金融市場に基づく市場性のある金融商品とは価格形成が異なるため，両者の投資成果を簡単に比較できないという点である。同じ不動産を投資対象とする金融商品であっても，上場していない不動産ファンドと上場しているJ-REITファンドでは，その評価基準が異なるため，その投資成果を単純に比較できないのである。これは，市場性のない不動産金融商品は，株式や債券などの伝統的資産と異なるものであり，そのまま投資対象資産に同列で並べて評価を行う場合には，不動産金融商品の特殊性を理解し，何らかの適切な対応を行う必要があることを意味している。

　このように，不動産金融商品には時価評価における注意点があるため，不動産金融商品を市場性の高い伝統的資産と同列に並べて投資を行い，ポートフォリオ全体のパフォーマンスやリスクをより正確に評価するのであれば，タイムラグの存在や価格調整の硬直性，価格形成の違いなどを勘案する必要がある。例えば，不動産鑑定評価に基づく不動産金融商品のパフォーマンス評価方法を調整することが考えられよう。

　しかし実務的には，不動産投資は伝統的資産以外のオルタナティブアセットとして別枠で個別に管理し，リスクを切り離して考えることが一般的に行われている。もしくは，不動産投資の正確なリスクが計測できないことを理由に，投資枠の拡大に慎重とならざるを得ず，投資機会を逃している投資家が多いのが現状であろう。伝統的資産と同列でリスク管理できないという特性が，不動産ファンド投資の桎梏として投資家の行動を縛ってきたのである。

4　不動産評価に対する新しい取組み

　以上のように，投資家の立場から不動産金融商品の評価を考えると，不動産鑑定評価額の利用に問題が存在するため，何らかのソリューションを見出だす必要があるといえよう。現在の金融市場の発達，IT 技術の進化を考慮すれば，今後，不動産価格の情報がタイムリーに時価評価されることが期待でき，一般的な財・サービスの価格と同様に最新の不動産価格を知ることができるかもしれない。現状では，深く分析された不動産鑑定士による不動産鑑定評価額が，合理的な不動産評価額である点は否定できないものの，将来的にデータの整備や技術革新が進めば，いずれ不動産金融商品の時価がタイムリーに変動し，適正なプライシングが可能になるだろう。

　ここでは，不動産鑑定評価に代わり，よりタイムリーに，かつ高頻度で不動産価格の変化を反映する方法の 1 つとして，（実質的にオフィスビルやマンション，物流施設，商業施設，ホテル，ヘルスケア施設などへ投資が行われている）上場 REIT 市場に内包される不動産価格情報を抽出する手法を紹介する。これは，J-REIT 市場の相場変動の迅速性を活用し，J-REIT が保有する不動産の評価を素早く反映させることで，J-REIT 市場の市場参加者が織り込む不動産評価額を算出しようとする試みである。

　以下では，その手法について解説し，投資家にとって有効な投資判断および分析をサポートすることを明らかにしたい。具体的には，東京海上アセットマネジメント，三井住友トラスト基礎研究所，Prop Tech plus の 3 社で当手法を使用し共同開発した「Daily Property Price Index（日次不動産価格指数）」[5]を利用することで，不動産ファンドのリスクを推定し，投資家の資産配分に不動産ファンドを含めた場合の効果について検討する。

　これに加えて，別のタイムリーかつ高頻度な不動産価格評価方法としては，機械学習による不動産価格推定手法がある。不動産取引事例や物件固有情報といったビッグデータを活用することで，網羅性を欠き，取引事例の少ないエリアの不動産価格を機械学習によって算出する手法である。将来的にデータの整

備や技術革新が進めば，高い精度で不動産金融商品の時価評価が可能となろう。

一方で，現状のこの手法は，機械学習に必要な膨大な取引データを取得できるマンションや戸建て住宅などの不動産に限られている。これは不動産金融商品の裏づけとなる実物不動産のデータの中で，マンションを除くオフィスビルなどの商業用不動産の取引データ量自体が少ないためであり，今後，機械学習で必要とされる大量の取引データの蓄積ができれば，より幅広い不動産の価値を評価できるだろう（遠い将来に発展が期待される領域であるため，本章の対象にはしていない）。

（執筆担当：増田顕範）

第2節 不動産指数の開発とリスク水準の再検討

1 J-REIT市場のデータに内包される不動産価格情報と不動産価格指数の開発

前節で示した不動産鑑定評価で不動産評価を行う課題を解決するために，本節以降で，J-REITの投資口（ストック）価格の変動に基づいて算出する不動産価格を表す指数がどのように構築されるのかを解説したい。このストックベース不動産価格指数は，様々なエリアやセクター別に細分化されており，より詳細に不動産ファンドの価格変動リスクを推計することが可能である。この指数の基本的な構築プロセスの概要は，下記のとおりである。

＜「Daily Property Price Index（日次不動産価格指数）」の構築プロセスの概要＞

1．任意の特定時点において，J-REIT市場で取引されているJ-REITの直近の決算期の決算発表情報から得られる負債額，発行済み投資口数と投資口価格から求められる時価総額を合算して，J-REITが保有する全不動産の（J-REIT市場が評価する）不動産評価額を推定する。

2．J-REITの全保有不動産の鑑定評価額を利用して個別物件ごとの投資比率を推定し，1．で求めた全保有不動産の時価評価額に推定投資比率を乗じてJ-REIT市場が評価する個別物件ごとの不動産評価額を推定する。これ

を「ストックベース不動産評価額」と呼ぶこととする。

　各 J-REIT が保有する全物件のストックベース不動産評価額をセクター（オフィス，物流施設，都市型商業施設，物流施設，ホテル）別や地域（東京都心5区，東京，地方主要都市（札幌，仙台，さいたま，横浜，名古屋，大阪，福岡），一都三県（東京，神奈川，千葉，埼玉））ごとに分類する。なお，東京エリアは，東京都内23区を対象とする。

3．セクターおよび地域ごとに，個別物件のストックベース不動産評価額と物件ごとの内部属性情報および外部属性情報を活用し，ヘドニック・アプローチと呼ばれる統計的品質調整手法によって属性要因を排除することで，平均的なストックベース不動産評価額を抽出する。

4．各特定日時点で，品質調整後のストックベース不動産評価額を算出して，時点間の変化率を計測し，初期時点を特定の数値に設定して指数値を計算する。指数算出では，セクターおよび地域ごとの指数値をそれぞれ構築する。

※以上のプロセスで構築された当不動産価格指数は，国内の不動産研究の専門家である清水千弘氏（東京大学空間情報科学研究センター特任教授，日本大学スポーツ科学部教授）の監修を受けながら，東京海上アセットマネジメント，三井住友トラスト基礎研究所，Prop Tech plus の3社の共同開発プロジェクトによって算出された指数（指数名「Daily Property Price Index（日次不動産価格指数)」）である。

当不動産価格指数を構築する際には，ヘドニック・アプローチによって評価対象ユニバース物件のストックベース不動産評価額に対し，内部属性および外部属性に関する統計的品質調整を行い，平均的な内部属性および外部属性を持つストックベース不動産評価額を推定している。ヘドニック・アプローチとは，財・サービスの価格を被説明変数，様々な属性を説明変数とする線形・非線形モデルを仮定し，回帰分析によって線形・非線形モデルを推定する統計的アプローチである。特定のセクターおよびエリアに属する個別不動産のストックベース不動産評価額を，都心アクセス時間などの量的変数や，特定の用途地域に属しているか否かなどの質的変数によって説明する重回帰モデルを仮定して，不動産価格指数を構築している。

　実際に当不動産価格指数の算出で使用されているヘドニック・アプローチによる統計的品質調整法で使用される回帰モデルの基本式は，下記(8.1)式のとおりである。なお当回帰モデルの被説明変数や説明変数は，J-REIT の投資口

価格情報や開示している決算情報などのデータを利用して推定している。

＜ヘドニック・アプローチによる統計的品質調整法における回帰モデル＞

$$\ln(P_{i,j,t}) = a_0 + \sum_{k=1}^{K} a_k \ln(A_{k,i,j,t}) + \sum_{m=0}^{M} \beta_m \, Dummy_{m,i,j,t}$$

$$+ \sum_{n=0}^{N} \gamma_n Time\_Dummy_{n,i,j,t} + \varepsilon_{i,j,t} \tag{8.1}$$

- a_k, β_m, γ_n：回帰係数（$k=0, \cdots, K, \quad m=0, \cdots, M, \quad n=0, \cdots, N$）
- $P_{i,j,t}$：時点 t（$t=0, \cdots, T$）における銘柄 i（$i=0, \cdots, I$）の物件 j（$j=0, \cdots, J_{i,t}$）の延床面積 $1\,\mathrm{m}^2$ あたりのストックベース不動産評価額
- $A_{k,i,j,t}$：時点 t における銘柄 i の物件 j の延床面積（m^2），築年数，地上階数，都心アクセス時間（※東京・主要5区エリアのみ採用）
- $Dummy_{m,i,j,t}$：マルチテナントダミー変数（※主要7大都市エリアの都市型商業施設および物流，ホテルセクターは変数無し），用途地域ダミー変数，建物所有形態ダミー変数，土地所有形態ダミー変数，構造ダミー変数，地下有無ダミー変数，区市郡ダミー変数
- $Time\_Dummy_{n,i,j,t}$：現時点および過去時点を表す時点ダミー変数
- $\varepsilon_{i,j,t}$：誤差項

推定された回帰モデルに，量的変数では属性のユニバース平均値，質的変数では属性のユニバース最頻値を代入することで，特定のユニバースに属する不動産の品質調整後の平均的なストックベース不動産評価額のモデル値を算出することができる。この平均的なストックベース不動産評価額の変化を指数化したものが，特定のユニバースに対応する日次不動産価格指数となる。

日次不動産価格指数は，重要度や比較可能性，J-REIT 保有物件データの有無を考慮し，下記の5セクターで主要エリア別に算出されている。

＜「Daily Property Price Index（日次不動産価格指数）」のセクター・地域分け＞

①　オフィスビル…東京都心5区（千代田区，中央区，港区，新宿区，渋谷区），東京，主要7大都市（札幌，仙台，さいたま，横浜，

図表 8 - 1　ストックベース不動産価格指数の推移

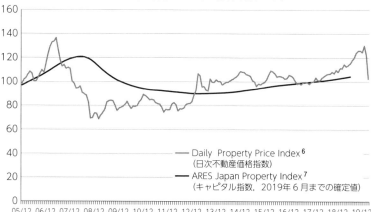

オフィスビル（東京）
（期間：2005年12月末〜2020年3月末，月次ベース）

賃貸住宅（東京）
（期間：2005年12月末〜2020年3月末，月次ベース）

6　「Daily Property Price Index（日次不動産価格指数）」は，株式会社三井住友トラスト基礎研究所，東京海上アセットマネジメント株式会社，Prop Tech plus 株式会社の3社の共同開発プロジェクトによって算出された指数です。同指数に対する著作権等の知的財産その他一切の権利は Prop Tech plus 株式会社に帰属します。Prop Tech plus 株式会社は，同指数の正確性，最新性，有用性，適合性，信頼性等を保証せず，同指数のデータを利用した本書から生じるいかなる責任を負いません。

都市型商業施設（東京）
（期間：2007年12月末〜2020年3月末，月次ベース）

Daily Property Price Index
（日次不動産価格指数）
ARES Japan Property Index
（キャピタル指数，2019年6月までの確定値）

物流施設（一都三県）
（期間：2013年12月末〜2020年3月末，月次ベース）

Daily Property Price Index
（日次不動産価格指数）
ARES Japan Property Index
（キャピタル指数，2019年6月までの確定値）

※基準時点（2017年12月末）を100として指数化
（出所：「Daily Property Price Index 公式データ」，一般社団法人不動産証券化協会（ARES）のデータに基づいて東京海上アセットマネジメント作成）

7 　ARES Japan Property Index（AJPI）は，国内不動産に投資を行うコア・ファンドが保有する投資用不動産の運用実績（パフォーマンス）をユニバース（母集団）とした不動産投資インデックスです。同インデックスは特定の目的での利用を保証するものではなく，調査および教育のみを目的にARESが提供するものです。ARESは，同インデックスのデータによる投資の意思決定に責任を負わず，同インデックスのデータを利用した本書から生じるいかなる責任を負いません。

名古屋，大阪，福岡）

② 賃貸住宅…東京都心5区，東京，主要7大都市

③ 都市型商業用施設…東京，主要7大都市

④ 物流施設…1都3県（東京都，神奈川県，千葉県，埼玉県）

⑤ ホテル…東京

「Daily Property Price Index（日次不動産価格指数)」は，オフィスビルや賃貸住宅に関しては，2005年12月末以降から指数データが算出されているが，都市型商業施設は2007年12月末以降，物流施設は2013年12月末以降，ホテルは2017年12月末以降の算出開始であり，セクター間で利用できるデータの長さが異なることには注意が必要である。

　各セクターのエリア別ストックベース不動産価格指数の推移を**図表8-1**に示した。また不動産鑑定評価額ベースの不動産価格指数の代替的指数として利用可能な一般社団法人不動産証券化協会が公表している「ARES Japan Property Index」のキャピタル指数も合わせて掲載している。ストックベース不動産価格指数の動向は，不動産鑑定評価額ベースの不動産価格指数に先行して動いていることがわかるだろう。また，ストックベース不動産価格指数は，不動産鑑定評価額ベースの不動産価格指数と比較して，よりタイムリーで高頻度での算出が可能であり，評価時点も連続的に算出可能であるため，ダイナミックに変化する不動産価格指数として利用価値が大きいと考えられる。

　しかし注意しなければならないのは，本節で紹介するストックベース不動産価格指数が，すべての問題を解決できる不動産価格指数ではないことである。当指数の応用が期待できる分野や利用法としては，①J-REITが保有する不動産と同様のエリア，立地や仕様の不動産を保有する不動産ファンドの価格変動リスクに対する代替的評価や，②首都圏や地方主要都市での不動産価格動向の予測，③オフィスビルやマンションなどのセクター間の不動産価格動向の比較などに限られるからである。そのため，現状では，従来の不動産鑑定評価を軸としながら，その欠点を補う形でストックベース不動産価格指数等が活用されることが望ましいと考える。今後の不動産価格評価方法に関する研究成果により，さらに利便性の高い不動産評価手法が生まれることが期待される。

2　不動産ファンド評価のストックベース化による効果

　ストックベース不動産価格指数を用いると，不動産ファンドの価格変動リスクは，どのように評価されるのであろうか。各不動産ファンドは，セクターや地域配分，レバレッジ（LTV＝Loan To Value，総資産に占める負債の比率）の水準，信託報酬料率，解約条件など，ファンドの運用戦略から事務手続まで事前に細かく定めている。投資家は，ファンドの決算後得られる運用報告書から，投資不動産の名目 NOI（＝Net Operating Income，賃料収入から管理費用や諸経費を差し引いた純営業収益；第4章第2節参照）利回りやファンド運営費用などを知ることができる。この不動産ファンドの開示情報をもとにして，日次不動産価格指数を活用すれば，タイムリーに不動産ファンドの評価が可能となる。

　例えば，不動産ファンドの運用報告書のデータから，投資不動産の名目 NOI 利回りが4.0%，減価償却費が0.8%，ファンド運用コストが1.0%であることがわかれば，単純計算でコスト控除後 NOI 利回りは2.2%（≒4.0%−0.8%−1.0%）となり，投資不動産の年間インカムゲインを推定することができる。不動産ファンドがこのコスト控除後 NOI 利回り2.2%の不動産を LTV＝40%，借入コスト1.0%で投資している場合には，この不動産ファンドのインカムゲインは3.0%（≒(2.2%−1.0%×0.4)÷(1−0.4)）となり，分配金利回りは年率3.0%と考えることができる。

　また，不動産ファンドの投資対象が東京のオフィスビルであるとすれば，東京のオフィスビルのストックベース不動産価格指数の変動率と LTV 水準を考慮することで，実在ファンドに類似する不動産ファンドのキャピタルゲインを推定することができ，インカムゲインとキャピタルゲインを合計することで，高頻度（日次，週次，月次）で不動産ファンドの過去のトータルリターンを推定することができる。**図表8−2**には，一定の状況設定下での LTV の水準別にストックベース化した不動産ファンドの推定累積トータルリターンの推移を掲載した[8]。

8　オフィスビルに投資するファンドの状況設定は，名目 NOI 利回り4.0%（以下，年率），償却コスト0.8%，運用コスト1.0%と想定し，コスト控除後 NOI 利回りを2.2%と想定。借入コストは年率1.0%と仮定。投資対象エリアは東京限定。賃貸住宅に投資するファンドの状況設定は，名目 NOI 利回りを4.5%，償却コスト1.0%，運用コスト1.0%と想定し，コスト控除後 NOI 利回りを2.5%と想定。借入コストは年率1.0%と仮定。投資対象エリアは東京限定。

| 図表 8 - 2 | ストックベース化した不動産ファンドのトータルリターンの LTV 水準別（0 〜40%）推定事例（不動産ファンドのトータルリターンの推定事例） |

オフィス投資ファンドの累積リターンの推定（東京）
（期間：2006/1 〜 2020/3，月次，始点＝100）

賃貸住宅投資ファンドの累積リターンの推定（東京）
（期間：2006/1 〜 2020/3，月次，始点＝100）

（※） 東証 REIT 指数は，㈱東京証券取引所の知的財産であり，指数の算出，指数値の公表，利用など両指数に関するすべての権利・ノウハウならびに東証 REIT 指数の商標または標章に関するすべての権利は，㈱東京証券取引所が有しています。

（出所：「Daily Property Price Index 公式データ」，東京証券取引所のデータに基づいて東京海上アセットマネジメント作成）

ストックベース化した不動産ファンドの推定リターンデータから，投資対象ファンドの価格変動リスクを推定することができることや，他資産との相関性の計測がしやすくなるため，株式や債券といった伝統資産に不動産ファンドを含めたポートフォリオ全体のリスク推定や最適投資比率算出の新たなアプローチにもつなげることができるだろう。

3　不動産ファンドのリスク計測の新しい手法の検討

　ストックベース化した不動産ファンドの推定リターンを利用すれば，従来から想定されてきた不動産ファンドの投資リスクの水準が大きく変化する。不動産鑑定評価額は，実際の不動産価格よりも遅行・平滑化する性質があるため，変動率が小さくなる傾向がある。そのため，不動産鑑定評価額を利用した不動産ファンドのリスクは，過小評価されてしまう。一方で，ストックベース化した不動産ファンドを疑似的に構築できれば，その投資リスクは，鑑定評価額ベースよりも大きくなる。そのリスクの差異は，J-REIT市場が将来の期待を瞬時に織り込む金融市場に属していることから，日々の値動きが大きくなり不動産ファンドのリスクを過大評価していると批判することもできよう。

　しかし2000年代以降，不動産の金融商品化が進む中で，不動産価格が金融市場の影響を受けやすくなっているのは事実であり，今後は米国と同様に，不動産市場は金融市場との関係がさらに強まるものと考えられる。そのため，今後は，金融市場の価格形成に合わせた不動産投資リスクの評価を行う方が有効な場合が増えてくるであろう。

　次に，不動産ファンドを不動産鑑定評価額ベースで評価した場合の平均的なリスク（トータルリターンから計算されるヒストリカル・ボラティリティ）と，ストックベース化した場合の平均的なリスクを比較してみよう（ここではLTVを40％と仮定）。**図表8－3**をみると，不動産鑑定評価額ベースで評価した不動産ファンドのリスクは，非常に小さいことが確認できる。伝統的資産のリスクも合わせて算出しているが，国内債券並みのリスクとなる。一方で，ストックベース化した不動産ファンドのリスク水準は，国内株式に近くなる。果たして不動産ファンドは，国内債券並みの低い価格変動リスクなのであろうか，それとも国内株式並みの高い価格変動リスクなのであろうか。

| 図表 8 - 3 | 不動産ファンドのリスク・リターン特性とストックベース化による特性の変化 |

資産クラスごとのリスク・リターン特性
(期間：2006年 4 月〜2019年 3 月，月次データを年率化)

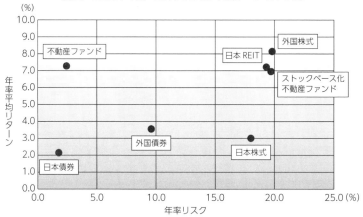

資産クラス	指数名	年率リターン	年率リスク	シャープレシオ
日本株式	TOPIX（配当込み）（※ 1 ）	3.0%	18.04%	0.2
外国株式	MSCI コクサイ指数（配当込み，円ベース）	8.1%	19.83%	0.4
日本債券	NOMURA-BPI（総合）	2.1%	1.81%	1.2
外国債券	ブルームバーグ・バークレイズ・グローバル総合指数（除く日本円，円ベース）	3.6%	9.58%	0.4
日本 REIT	東証 REIT 指数（配当込み）	7.2%	19.33%	0.4
ストックベース化不動産ファンド	ストックベース不動産価格指数による不動産ファンド推定リターン（※ 2 ）	6.9%	19.72%	0.4
不動産ファンド	ARES Japan Property Index による不動産ファンド推定リターン（※ 3 ）	7.3%	2.46%	3.0

(※ 1)　東証株価指数（TOPIX）は，㈱東京証券取引所の知的財産であり，指数の算出，指数値の公表，利用など両指数に関するすべての権利・ノウハウならびに東証株価指数（TOPIX）の商標または標章に関するすべての権利は，㈱東京証券取引所が有しています。同指数の著作権，知的財産権その他一切の権利は MSCI 社に帰属します。また，MSCI 社は同指数の内容を変更する権利および公表を停止する権利を有しています。MSCI 社の許諾なしに指数の一部または全部を複製，頒布，使用等することは禁じられています。また，MSCI 社は同指数を利用した本書から生じるいかなる責任を負いません。図表 1 - 1 および図表 1 - 2 の（※）も参照。
(※ 2)　ストックベース化不動産ファンド…図表 8 - 2 で記載した事例において LTV＝40％のケースを使用し，東京オフィス50％＋東京賃貸住宅50％のリターンを推定したもの
(※ 3)　不動産ファンド…「ARES Japan Property Index」において LTV＝40％，金利コスト＝ 1 ％，東京オフィス50％＋東京賃貸住宅50％の場合のリターンを推定したもの
(出所：「Daily Property Price Index 公式データ」，一般社団法人不動産証券化協会（ARES），東京証券取引所，MSCI 社，野村証券，ブルームバーグのデータに基づいて東京海上アセットマネジメント作成)

図表 8 - 4	各資産の相関係数（期間：2006年 4 月〜2019年 3 月，月次データ）				
	日本株式	外国株式	日本債券	外国債券	ストックベース化不動産ファンド
日本株式	1.00	0.84	−0.32	0.06	0.50
外国株式	0.84	1.00	−0.32	0.03	0.43
日本債券	−0.32	−0.32	1.00	0.07	0.11
外国債券	0.06	0.03	0.07	1.00	0.11
ストックベース化不動産ファンド	0.50	0.43	0.11	0.11	1.00

（出所：「Daily Property Price Index 公式データ」，東京証券取引所，MSCI 社，野村証券，ブルームバーグのデータに基づいて東京海上アセットマネジメント作成）

　長期保有を前提として，都心の一等地に立地し，絶えず高稼働状態で賃料の下落が長期的にない不動産を中心に保有している不動産ファンドであれば，国内債券の代替として国内債券並みのリスク水準を許容することもできるであろう。しかし，一旦不動産バブルが発生してしまうと，そのような優良な不動産ファンドであっても不動産の価格変動リスクが大きくならざるを得ないのである。不動産ファンドの投資を行う際，投資リスクをより正確に把握するためには，ストックベース不動産価格指数を活用した不動産ファンドのリスク管理手法が有効であると考えられるだろう。

　図表 8 - 4 は，ストックベース化した不動産ファンドのトータルリターンと伝統的資産との相関係数を示したものであり，長期的に伝統的資産との相関係数は低位であり，不動産ファンドを投資対象に加えることによる分散効果が期待できることが確認できる。

　また，図表 8 - 5 は，伝統的資産と不動産ファンドの相関係数の時系列変化を示しているが，正の相関が強まる局面と弱まる局面が繰り返されており，その相関が安定していないことが確認できる。そのため，不動産ファンドを伝統的資産のポートフォリオに加えることで，分散効果が期待できる時期と，グローバル金融危機のような分散効果が期待できない時期があることが理解できよう。このような特性から，不動産ファンドのリスク管理にストックベース化

194

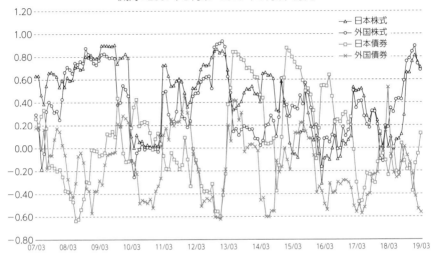

| 図表8－5 | ストックベース化不動産ファンドと伝統的資産との相関係数の時系列変化 |

ストックベース化不動産ファンドと伝統的資産のリターン間の
過去12カ月移動相関係数の推移
(期間：2007年3月末〜2019年3月末，月次)

(出所：「Daily Property Price Index 公式データ」，Bloomberg のデータに基づいて東京海上アセットマネジメント作成)

した不動産ファンド評価を加えることで，リスク管理の高度化を図る意義は高いといえよう。

（執筆担当：増田顕範）

第3節 不動産を含む資産配分の将来

　近年，マイナス金利に代表さるような低金利環境が常態化するにつれ，インカム収入を求める金融機関・機関投資家やアセットオーナーによる不動産投資が活発になることに伴って株式や債券といった金融資産と不動産のリターンやリスクを比較するニーズが高まっている点は，前節で確認したとおりである。この動きは，上場している J-REIT への投資だけでなく，相対的に高いインカム収入を獲得するために，レバレッジをかけた不動産ファンド投資への注目を

高めている。

1　求められる不動産と金融資産の統合リスク管理

　機関投資家等の不動産への関心だけではなく，わが国の富裕層をはじめとする個人投資家の保有資産をみても，「不動産への直接投資」（以下，「不動産直接投資」という）の比率が極端に高く，有価証券への投資比率が低いという特徴が確認される。借入を伴わないレバレッジなしの不動産直接投資が保有資産の大宗を占めるケースも多いが，本来統合して管理すべき株式や債券といった流動性の高い金融資産との定量的な比較が必ずしもスムーズに行われていないという点を見逃すべきではない。

　簡単にいえば，金融資産間での比較はできても，不動産を含めた保有資産の最適投資比率を定量的に算出することは本格的には行われていないのが現状である。現実的には，不動産は正確なリスク計測ができないため，金融資産（伝統的資産）以外のオルタナティブアセットとして切り離されてきたが，資産運用の高度化のためには，この限界を乗り越える必要があるといえよう。

　従来から，年金基金などが不動産投資をする際の投資比率は，債券代替資産もしくは他のオルタナティブ資産の一部として決定されてきた。しかし，2008年のグローバル金融危機の際に，株式だけではなく不動産価格もラグを伴って大幅に下落する事例を経験したこともあり，その他の金融資産との関係性を整理すべきであるのはいうまでもない。不動産についても金融資産との相関を定量的に計測して統合的なリスク管理を行い，より最適な資産配分比率を求めていけば，リスク調整後リターンの引上げ効果が期待できるからである。

　不動産鑑定評価ベースで不動産ファンドのリスク水準を推定すると，**図表8-3**で示したように，2.5％程度（年率換算）となる。それに対し，今回開発された日次不動産価格指数を用いてリスク水準を推定すると，レバレッジ（LTV＝Loan To Value；総資産に対する負債比率）を40％と仮定すれば，19％強となり，鑑定評価ベースの8倍程度の大きさとなる。最適な資産配分比率を求める上では，看過できない格差であることはいうまでもない。従来の不動産鑑定価格ベースでのリスク水準は日本債券並みであり，常識的に考えてもそのままその数値を実務で使用しにくいことは明らかである。

　この従来（不動産鑑定評価ベース）と日次不動産価格指数ベースのリスク水準の格差を考えれば，不動産ファンドへの資産配分比率は，再検討されるべきであろう。そこで，日次不動産価格指数を用いて，4つの金融資産（国内債券・国内株式・海外債券・海外株式）と不動産ファンドの最適資産配分比率を定量的に計算すると，次のような結果が得られた。

　第一に，国内債券の代替として国内債券比率を引き下げて，不動産ファンドの組入比率を引き上げる場合には，ポートフォリオ全体のリターン水準が高まるものの，それに応じてリスク水準も高まるため，リスク調整後のリターンの改善効果は顕著ではないこと。第二に，4つの金融資産を均等に減じて，不動産ファンドを組み入れると，相関性の低さからリスク水準がそれほど高まらず，リスク調整後リターンの改善効果が期待できることの2点である。不動産鑑定評価ベースでは，国内債券と同水準のリスク水準にある不動産ファンドであっても，日次不動産価格指数ベースでは，国内債券代替と位置づけて投資する合理性は高くないといえよう。

　詳細な日次不動産価格指数ベースの最適資産配分比率は，アセットオーナーの基本ポートフォリオおよびリスク許容度に依存するため，個別のソリューション提供が求められる。そのため，あえて本書では算出結果を示唆しないが，個別投資家ごとの不動産および不動産ファンドの最適資産配分比率算出ニーズは，将来的に高まるものと思われる（ソリューション型資産運用サービスの中核の1つとなる可能性が高い）。

2　不動産投資に求められるアカウンタビリティ

　今後は，低金利環境が常態化される中で，ポートフォリオにおける不動産の位置づけは，さらに高まっていくはずである。そのため，特に金融機関・機関投資家やアセットオーナーは，株主や国民・受益者に対して，不動産ファンドの投資比率が最適であるか否かの合理的説明が求められるようになってくるだろう。超金融緩和環境が続き，資産価格が上昇している過程では，不動産ファンドへの投資比率についての説明責任は，注目されることは少なかったかもしれない。しかし，資産運用の効率性を高めるために不動産ファンドに注目するならば，従来以上に，定量的なリスク管理手法の高度化が求められるといえる。

　日次不動産価格指数の活用は，投資家がその受益者等に対するアカウンタビリ
ティを確保するためにも必要なツールになってくるだろう。
　例えば，2020年３月の新型コロナショックによる不動産価格への影響度を，
漫然とリスク管理するのではなく，精緻な状況判断をすることで，受託資産の
客観的な管理を高度化しようとするならば，日次不動産指数等を活用して受益
者に説明できる体制が求められるだろう。アセットマネジャーだけではなくア
セットオーナーも，資産の中で一定程度の比率を占める不動産価格の変動も合
理的に把握すべきなのである。
　図表８－６で示したように，1984年４月を100としたときに，東証株価指数
は89年12月に335まで上昇し，上下動あるものの2009年２月の88と2012年８月
の85で２番底値をつけ，その後は上昇基調で推移している。一方，戸建住宅（東
京都）は，株価に遅れること10カ月後の1990年10月に高値263をつけ，株価よ
りも少し遅れて2009年４月に98でボトムアウトし，上昇に転じている。興味深

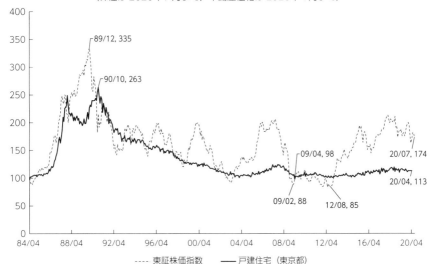

図表８－６　株価指数と不動産価格の推移

1984年４月＝100
（株価は2020年７月まで，不動産価格は2020年４月まで）

（出所：国土交通省，（公社）東京都不動産鑑定士協会，ブルームバーグのデータをもとに東京海上ア
　　　　セットマネジメント作成）図表８－３の注（※）参照

いことに，変化率は異なるものの，長期的な推移という観点からは，株価も不動産価格も同じような動きをしているのが確認できよう。

　ところで，取引所で取引されている株式などの金融資産は，評価値が瞬時に変化する一方，不動産の場合には，日々売買が成立しているわけではなく，鑑定価格や実際に取引のあったときに明らかになる取引価格で評価するほかない点は前述したとおりである。そのため，不動産価格は，低頻度でスムージングされ，緩やかに変化する特徴があり，株価に遅行することが多いのが**図表 8 -6** から確認されよう。

　2020年の新型コロナショックにより，2020年 1 月末から 3 月までの 2 カ月間で，東証株価指数は16.7％下落したが，この間の東証 REIT 指数の下落率は，日経平均株価のそれを大きく上回り，下落率28.0％になっている。J-REIT の特徴である「借入によるレバレッジ（有利子負債比率45％程度）」を調整した日次不動産価格指数を活用すると，不動産価格は，東京のオフィスビルで21％程度，賃貸住宅で11％程度下落していたことが明らかになる。

　一般的な不動産価格は，遅行して公表されるとともに，その評価額そのものも緩慢に推移するが，リスク管理の徹底を図る観点から株式などと同列に比較するためには，日次でタイムリーに不動産価格の動きを把握しておくべきであろう。状況把握の精緻性を引き上げることを通して，判断の正確性を高めることが可能になるからである。不動産は，すぐに他の資産に入れ替えられない，もしくは売却に手間がかかる低流動性資産の 1 つである。思い立った時に他の資産に入れ替えにくいからといって，スピードの速い現代社会において，その評価額の推移を無視してもよいというわけではない。不動産価格の転機は金融資産よりも遅れて明らかになるだけに，「不動産は忘れたころにやってくる」という点から，リスク管理を怠らず，アカウンタビリティを確保していきたいものである。

（執筆担当：平山賢一）

おわりに

　現在，アセットマネジメントは，大きな過渡期に直面しているといってもよいだろう。本書で指摘しているように，低金利環境が常態化する中で，従来の運用手法の延長や常識では対応不可能な状況に立たされており，非連続的な発想の転換が求められているからである。そのため，環境の変化に適応して，資産運用の主体者としてアセットマネジメント会社自体が，率先垂範で変わっていく必要があるといえよう。

　本書は，その変化の方向性を，「オルタナティブ」という言葉に集約してメッセージを発することを意図したものである。この「オルタナティブ」には2つの意味があり，「オルタナティブアセット」と「オルタナティブデータ」に焦点を絞り，アセットマネジメントの進む道を示している。

　前者のオルタナティブアセットは，従来，伝統的資産に対する代替的資産として位置づけられてきたが，近年では，その多様性と独自性から生みだされる分散効果を求め，多くの機関投資家によって採用されており，1つの資産クラスとして位置づけられるようになりつつある。すでにオルタナティブアセットを採用している機関投資家の中には，さらなる分散効果を求めて，複数のオルタナティブアセット戦略を採用する動きもみられる。また，オルタナティブアセット業界は，2008年のグローバル金融危機を経て，それまでの量的拡大のステージから質的向上とバランスをとりながら発展する新たなステージに入っており，オルタナティブアセットへの注力は，すでに現在進行形の大きなオルタナティブ化の潮流といえよう。

　一方，後者のオルタナティブデータは，近年のAIやビッグデータに対する注目とともに，急速に盛り上がってきた曙光期に位置づけられる。そのため，今後どのように変化していくのか予想がつかないというのが正直なところであろう。

　しかしながら，財務情報等の構造化データの取得や分析が容易になり，その検証結果も同質化する傾向があるため，より多角的な視点から分析しなければ

付加価値のある投資を維持できなくなっているのも事実である。そのため，分析・判断のツールとして，従来の常識に縛られないタイプのデータの取得・活用は，顧客資産の運用を託されるアセットマネジメントにとっては，必要不可欠な分野であるといえよう。また，長期的な視点から，投資先企業等を多角的に分析し，意味ある対話をしていくエンゲージメントにとっても，非構造化データの活用は，スチュワードシップの質を高める点で，有効なステージに入りつつあると考えている。

　10年後の2030年までには，これら2つの領域が大きく花開くのではないかと考えている。「オルタナティブ」という用語は，日本語では「代替的」と表現されるものの，現在のアセットマネジメントを眺望するならば，従来の脇役の位置づけから，将来，主役に躍り出ていくであろう。つまり，現在，われわれは，オルタナティブ・アセットマネジメントの潮流の中を生き，新たなる価値創造の時代を切り開いているのである。

2020年11月

東京海上アセットマネジメント株式会社
オルタナティブ運用本部長
本荘　和宏

参照文献

はじめに

チャールズ・エリス／鹿毛雄二訳（1999）『敗者のゲーム』日本経済新聞出版社.

第1章

東洋経済新報社（1924）『金融六十年史』東洋経済新報社.
平山賢一（2008）『振り子の金融史観』シグマベイスキャピタル.
平山賢一（2016）「金利史からみるマイナス金利」『企業会計』68(10)：1359-1366.
平山賢一（2018）『戦前・戦時期の金融市場』日本経済新聞出版社.
真壁昭夫，平山賢一（2003）『リスクマネー・チェンジ』東洋経済新報社.
Homer,. S. and R. Sylla（2005）*A History of Interest Rates, Fourth Edition*, Wiley.

第2章

ビクター・マイヤー＝ショーンベルガー，トーマス・ランジ／斎藤栄一郎訳（2019）『デー
タ資本主義』NTT 出版.
Ang, A., and N. Bollen（2010）Locked Up by a Lockup：Valuing Liquidity as a Real Option.
Financial Management 39(3)：1069-1095.
Anson, M.（2010）Measuring a Premium for Liquidity Risk. *The Journal of Private Equity*
13(2)：6-16.
Anson, M.（2017）Measuring Liquidity Premiums for Illiquid Assets. *The Journal of Alter-
native Investments* 20 (2)：39-50.
Aragon, G.（2007）Share Restrictions and Asset Pricing：Evidence from the Hedge Fund
Industry. *Journal of Financial Economics* 83(1)：33-58.
Derman, E.（2007）A Simple Model for the Expected Premium for Hedge Fund Lockups.
Working Paper, Columbia University.
Hibbert, J., A. Kirchner, G. Kretzschmar, R. Li, A. McNeil, and J. Stark（2009）Summary of
Liquidity Premium Estimation Methods. White Paper, Barrie and Hibbert.
Hill, J.（2009）A Perspective on Liquidity Risk and Horizon Uncertainty. *The Journal of
Portfolio Management* 35(4)：60-68.
Rakowski, D.（2010）Fund Flow Volatility and Performance. *The Journal of Financial and
Quantitative Analysis* 45(1)：223-237.

第5章

Credit Suisse（2019）*Credit Suisse Default Statistics*（December 2019）.
S&P（2019）*S&P Leveraged Commentary and Data-European Quarterly Review and US
LCD Quarterly*（2019）.

第6章

J. M. Keynes（1936）The General Theory of Employment Interest and Money.

第7章 ————————————————————————————

太田浩司（2009）「アナリストレポートの実証分析—目標株価とレポート内容の分析を中心に」『証券アナリストジャーナル』47(11)：48-62.

工藤秀明，永島淳，宮崎義弘（2017）「自然言語処理技術を用いたアナリストレポートの実証分析—センチメントの変化と株式市場の反応について—」『証券アナリストジャーナル』55(9)：66-77.

小林和正，酒井浩之，坂地泰紀，平松賢士（2017）「アナリストレポートからのアナリスト予想根拠情報の抽出と極性付与」第19回金融情報学研究会，65-70.

近藤江美，太田浩司（2009）「アナリストによる株式推奨と利益予想の情報内容」『証券アナリストジャーナル』47(11)：110-122.

Barber, B., R. Lehavy, and B. Trueman (2007) Comparing the Stock Recommendation Performance of Investment Banks and Independent Research Firms. *Journal of Financial Economics* 85(2)：2-37.

Bernard, V. L., and J. K. Thomas (1989) Post-Earnings-Announcement Drift：Delayed Price Response or Risk Premium? *Journal of Accounting Research* 27：1-36.

Bernard, V. L., and J. K. Thomas (1990) Evidence That Stock Prices Do Not Fully Reflect the Implications of Current Earnings for Future earnings. *Journal of Accounting and Economics* 13(4)：305-340.

Cowen, A., B. Groysberg, and P. Healy (2006) Which Types of Analyst Firms Are More Optimistic? *Journal of Accounting and Economics* 41(1-2)：119-146.

Das, S., C. Levine, and K. Sivaramakrishnan (1998) Earnings Predictability and Bias in Analysts' Earnings Forecasts. *The Accounting Review* 73(2)：277-294.

Francis, J., and L. Soffer (1997) The Relative Informativeness of Analysts' Stock Recommendations and Earnings Forecast Revisions. *Journal of Accounting Research* 35(2)：193-211.

Huang, A., A. Zang, and R. Zheng (2014) Evidence on the Information Content of Text in Analyst Reports. *The Accounting Review* 89(6)：2151-2180.

Irvine, P., M. Lipson, and A. Puckett (2007) Tipping. *The Review of Financial Studies* 20(3)：741-768.

Jackson, A. (2005) Trade Generation, Reputation, and Sell-Side Analysts. *Journal of Finance* 60(2)：673-717.

Jegadeesh, N., J. Kim, S. Krische, and C. Lee (2004) Analyzing the Analysts：When Do Recommendations Add Value? *Journal of Finance* 59(3)：1083-1124.

La Porta, R. (1996) Expectations and the Cross-Section of Stock Returns. *Journal of Finance* 51(5)：1715-1742.

Lakonishok, J., A. Shleifer, and R. Vishny (1994) Contrarian Investment, Extrapolation, and Risk. *Journal of Finance* 49(5)：1541-1578.

Libby, R., J. Hunton, H. Tan, and N. Seybert (2008) Relationship Incentives and the Optimistic/Pessimistic Pattern in Analysts' Forecasts. *Journal of Accounting Research* 46(1)：173-198.

Loughran, T., and B. McDonald (2011) When Is a Liability Not a Liability? Textual Analysis, Dictionaries, and 10-Ks. *Journal of Finance* 66(1)：35-65.

Mayew, W. (2008) Evidence of Management Discrimination among Analysts during Earnings Conference Calls. *Journal of Accounting Research* 46(3): 627-659.

Michaely, R., and K. Womack (1999) Conflicts of Interest and the Credibility of Underwriter Analyst Recommendations. *The Review of Financial Studies* 12(4): 653-686.

Ramnath, S., S. Rock, and P. Shane (2008) The Financial Analyst Forecasting Literature: A Taxonomy with Suggestions for Further Research. *International Journal of Forecasting* 24(1): 34-75.

Stickel, S. (1995) The Anatomy of the Performance of Buy and Sell Recommendations. *Financial Analysts Journal* 51(5): 25-39.

Tetlock, P. C., M. Saar-Tsechansky, and S. Macskassy (2008) More than Words: Quantifying Language to Measure Firms' Fundamentals. *Journal of Finance* 63(3): 1437-1467.

Tsao, A. (2002) When A Stock's Rating and Target Collide. *Business Week Online*. Retrieved from <http://www.businessweek.com/bwdaily/dnflash/apr2002/nf20020425_3101.htm> on 17 Feb 2010.

Twedt, B., and L. Rees (2012) Reading between the Lines: An Empirical Examination of Qualitative Attributes of Financial Analysts' Reports. *Journal of Accounting and Public Policy* 31(1): 1-21.

Womack, K. (1996) Do Brokerage Analysts' Recommendations Have Investment Value? *Journal of Finance* 51(1): 137-167.

第8章

一般財団法人　不動産証券化協会 (2019)『不動産証券化ハンドブック2019』.

刈屋武昭, 小林裕樹, 清水千弘 (2016)『賃貸・分譲住宅の価格分析法の考え方と実際：ヘドニック・アプローチと市場ビンテージ分析』プログレス.

㈱住信基礎研究所 (2012)「不動産市場発展のためのJ-REIT情報活用策に関する研究～インプライド不動産価格指数の変動特性に関する分析～」報告書, 2012年3月.

森島義博 (2011)『実践不動産学教科書』東洋経済新報社.

Geltner, D., H. Pollakowski, H. Horrigan, and B. Case (2011) REIT-based pure property return indexes. *United States Patent Application Publication*, July 2010.

Simizu, C., W. E. Diewert, K. G. Nishimura, and T. Watanabe (2015) Estimating Quality Adjusted Commercial Property Price Indexes Using Japanese REIT Data. *Journal of Property Research* 32(3): 217-239.

索　　引

【監修者紹介】

東京海上アセットマネジメント株式会社

1985年12月に設立された東京海上グループの中核アセットマネジメント会社。投資顧問業としてスタートし，1998年より投信事業へ参入。国内の年金基金から運用会社として運用能力・情報開示等の「総合評価」で最も高い評価を受けており，年金運用に強みがある。また，運用会社の中でもオルタナティブ投資におけるノウハウや実績が豊富である。

オルタナティブ投資の実践：
「資産」選択と「データ」活用の新潮流

2020年12月 5 日　第 1 版第 1 刷発行	
2022年 4 月10日　第 1 版第 2 刷発行	

監修者	東京海上アセットマネジメント株式会社
編著者	平　　山　　賢　　一
発行者	山　　本　　　　　継
発行所	㈱　中　央　経　済　社
発売元	㈱中央経済グループパブリッシング

〒101-0051　東京都千代田区神田神保町1-31-2
電話　03 (3293) 3371 (編集代表)
　　　03 (3293) 3381 (営業代表)
https://www.chuokeizai.co.jp

©2020
Printed in Japan

印刷／昭和情報プロセス㈱
製本／㈲井上製本所

＊頁の「欠落」や「順序違い」などがありましたらお取り替えいたしますので発売元までご送付ください。(送料小社負担)

ISBN978-4-502-36351-1　C3034

JCOPY 〈出版者著作権管理機構委託出版物〉本書を無断で複写複製 (コピー) することは，著作権法上の例外を除き，禁じられています。本書をコピーされる場合は事前に出版者著作権管理機構 (JCOPY) の許諾を受けてください。
JCOPY 〈https://www.jcopy.or.jp　e メール：info@jcopy.or.jp〉